# 谈谈方法

## Discours de la méthode

［法］勒内·笛卡尔〔René Descartes〕著

左天梦 译

上海文化出版社
SHANGHAI CULTURE PUBLISHING HOUSE

黃華文 申明

# CONTENTS 目录

## 谈谈方法

## 笛卡尔早期书信选

# 谈谈能够正确引导自身理性
# 以及在各门学科中探求真理的方法

(1637)

# 说 明

　　如果觉得这篇谈话篇幅太长，无法一口气读完，那么我们可以将它分为六个部分。在第一部分，我们将会看到作者对于各门学科的不同看法；在第二部分，我们还将看到作者所探讨的方法论的主要原则；第三部分则阐释了作者从这一方法论中所提取的行为准则；在第四部分，我们将看到作者证明上帝和人类灵魂存在的理由，这两者是他的形而上学的基础；第五部分探讨了一系列物理学的问题，特别是关于心脏跳动还有医学上的一些问题，以及人类灵魂与动物灵魂之间的差异；最后一部分谈论了作者认为在自然研究领域，还要获取什么知识以进一步推动这类研究，并告诉读者他写下这部作品的原因。

# 第一部分

* 对人性的基本判断[1]
* 对各门学科的看法
* 探究真理的动机

---

理智是世人身上共有的品质。因为，每个人都相信自己足够理性，尽管在其他方面很难对自身感到满意。在这点上，也不能说每个人都错了。这倒证明每个人天生具有同样评判正误、辨别真假的能力，我们将之命名为"理智"或者"理性"。因此，并不是因为有的人更理性、其他人不够理性而导致对相同的事物持有不同看法，而是因为我们使用了不同的方法来对待相同的事物。光有理性是不够的，重点还在于能够恰当地运用它。杰出之人能够行大善，也能作大恶。缓慢前行的普通人若始终走正道，比起飞奔向前却远离正道的人则受益更多。

　　就我自身而言，即使我时常希望自己同某些人一样思维敏捷、富于想象，又或者是拥有超常的记忆力，但我也从不认为自己更加聪明或有什么过人之处。我不知道什么品质能作用于聪明才智，让其变得更加完美。理性或者说理智让人成为人，而非动物，我相信它是完完全全存在于每个人身上的。我赞同哲学上的一个普遍观点，即每个人身上通情达理的程度不尽相同，这具有偶然性，但在形式以及本质上却是相同的。

然而，我也敢于告诉大家：我觉得自己非常幸运，自青年时代以来便尝试了好几条不同的路径，得出一些推论并从中明白了好些道理，最后形成了一套方法。我的才智平庸，生命亦短暂，但通过这套方法，我觉得不仅能够逐步扩展自己的知识，还能慢慢将自我提升到才智与生命所能允许的最高层面。虽说我一直是抱有怀疑而非自负的心态来看待自己的所作所为，但可以说，我已经凭借这套方法取得丰硕的成果。以哲学家的眼光来看，世人的行为和举动皆徒劳无用，但我还是对自己在追寻真理上所取得的进步异常满意，并对自身的前途抱有极大的希望。如果说，在世人所从事的行业中确实存在某种正确的、重要的路径，那我相信，这正是我所选择的。

但是，也有可能是我弄错了。我得来的也许只是一些破铜烂铁，却把它当成了真金白银。我明白，当事情降临到自己头上的时候，我们很容易弄错，当朋友做出有利于我们自己的判断时，通常也值得我们怀疑。但我还是很乐意在这篇文章中，让大家了解我走过的路，并从中重现我的人生，如同肖像画那般，以便每个人都能做出评判，我也可以从中了解大家对我的看法。这也是一种自我提升的新方法，我会将它添加进那些已为我所用的方法之中。

因此，我并非打算在这里教会大家这套好好运用理性的方法。我只是计划向大家展示自己是如何遵循和运用我的理性的。那些传道授业之人混淆了一点，就是自认为自己比学生更加精明。当学生稍有差错，他们便予以责备。其实，本文仅仅是叙事（而非说教），如果您愿意的话，也可以把它看成一则奇谈，其中有好些可供模仿的范例，也有好些不必效仿的反例。我希望这篇文章既对某些人有用，也不会伤害到大家的利益，也希望我的坦率能得到大家的赞同。

我从小饱读诗书。由于相信他人的劝导，认为从中可以获得坚定可靠的知识以及人生的道理，因此，我如饥似渴地投入学习。然而，在完成学业，也就是大家常说的毕业、获取学位的时候，我完全改变了这一想法。因为我发现自己陷入了怀疑和谬误的困境之中，努力学习似乎并没有带来任何益处，却反倒让我越发感受到自己的无知。其实，我就读的还是所欧洲名校，那儿有的是知识渊博的老师，别的地方可就很难说了。我和其他学生一样，学完了学校所教授的知识，但我不满足，还去阅读了所有相关书籍，就连大家认为最稀奇、最冷门的书本，我都找来读。就学习而言，我清楚别人对我的评价，大家觉得我并不比别的同学差，他们当中有几位已经被选定为老师的接班人。最后，我认为，本世纪真的是百花齐放、人才辈出，不亚于以前任何一个时代。这让我可以自由地对其他人做出评判，并相信世人从古至今所期望的真实可靠的学说，其实并不存在。

我仍旧看重学校里教授的各种练习。我明白，学习古希腊文和拉丁文是汲取古籍中的智慧的必要条件。我还清楚，寓言中的道理会让人明白事理；熟记史书有助于训练和提升自己的判断力；阅读经典好书如同与著书的古代圣贤攀谈，并且这是一种带有求知性质的交流，可从中探求到古人非凡的智慧；雄辩术具有无可比拟的力量和美感；诗歌温婉细腻，让人心醉神怡；数学带来的精妙发明作用甚广，极大地满足了世人的好奇心，让工作便利，也减轻了人们的工作量；规范行为的实用书籍在道德层面上既教导人又激励人；神学书籍则指引世人走向天堂；哲学教会大家有模有样地谈论世间事，获得凡人的赞赏；法学和医学等其他学科为耕耘者带来荣誉和财富。总之，学习让我知晓如何评判一切事物，即使是最为迷信和最为谬误的，了解它们的真面目而不至于上当，这也极有益处。

我花费了足够的时间学习不同的语言，并熟读古书，了解历史和寓言所讲之道理。与古人交谈犹如在不同的时代中穿梭旅行。了解不同民族的风俗习惯是有好处的，这能让我们更恰当地评判本民族的风俗，不至于认为不同于当地的生活习俗是可笑的、荒谬的，对没有见过的事物也不至于大惊小怪。然而，当我们长时间外出旅行，将会对自己家乡的事情感到陌生；当我们对过往之事太过好奇，那便会对当下发生之事茫然不知。此外，寓言让人联想不断，但这仅是可能发生的事，而非真实；即使是最忠实于历史的叙事，既不将它们改写也不夸大其价值，但为了让它们更具可读性，也会忽略不少细节，尽量减少背景描述，这样的话，剩下的部分其实并非历史全貌；还有从范例中汲取、建立起的道德规定，都变成游侠小说中的荒唐事，从中建立起的计划也无法实现。

我非常重视雄辩术，也非常热爱诗歌。但我认为这两者均源于灵感，而非努力研究的成果。那些最擅长推理、能够最大程度消化别人的思想并清晰明了地转述出来的人，即使嘴里讲的是粗鄙的布里塔尼亚语，即使从未学过修辞学，也总能说服别人听从自己的观点；而那些最具有想法又知晓如何使用最为华丽的辞藻表达自己的想法的人，并不一定是最有名气的诗人，甚至可能他们并不知晓"诗艺"为何。

我特别喜欢数学，因为数学具有确定性，而且它的论证清晰明了，但我仍未察觉出它的真实面目；以及，当我想到数学仅仅为机械技术服务时，就十分惊讶，因为数学的根基是如此坚实和稳固，前人竟然没有在此基础上建立、获取更大的成就；相反，我将古代异教人士关于风俗的文章比作沙上筑塔：他们极力奉行美德，重视美德，看得比世上任何事物都重要；但他们并没有教会大家去认识美德是什么，他们所知给予美名的，其实往往是冷漠、傲慢、绝望或者不忠。

我尊重神学，也和其他人一样希望能够上天堂，然而，当我确切地得知通往天堂的道路对无知者而言并不比对有学问者更狭窄，而且上天启示的真理高于我们智力所能理解的时候，就不再敢使用我那贫乏的推理能力去论证真理了；我认为，只有依靠上天给予的特殊帮助且本身就异于常人才能研究这些真理，并有所成就。

至于哲学，我要说的就一句话，这门学科历经了多个世纪最具才智之人的钻研，然而其中的任何东西都充满争议。因此毋庸置疑的是，我不觉得可以从中学到比别人更多的东西；而且，在哲学中，对同一个主题往往会有不同看法，而这些观点又受到不同博学之人的支持，但所有事情的真相只有一个，所以我将貌似真实的看法一律视为错误的。

至于源自哲学的其他学科，我不认为，在不牢固的基础上可以建立起稳固的学说；它们所承诺的名和利也不足以让我投入学习：感谢上帝，因为我并不觉得生活窘迫，需要迫使自己掌握一门手艺去赚钱养家，尽管我不主张像犬儒主义者那样貌视荣誉，但对于那些打着虚假头衔而获得的荣誉，我也不会在意。最后，对于那些骗人的学说，我想我已经认清它们的真面目，便不会再上当受骗了，例如，炼金术士的承诺、星象学家的预言、魔法师的谎言，还有那些装腔作势、不懂装懂的人的诡计与大话。

这就是为什么我一到不受导师管束的年龄，就完全抛开了对书本的学习；并下定决心不再探索其他的学科，而仅仅只在自身上或者在世上经典的书籍中探求真理，于是，在青年时期剩下的日子里，我出门旅行，拜访欧洲宫廷与军队，出入于不同性情、不同阶层的各色人中，以此获取了多种经验，并在命运赐予我的与各色人物的交往中经受考验，不断思考摆在我面前的各种事物，从中汲取教训。因为，比起那些被灌输入脑的观点，我们能够在推理中获得更多的真理，如果判断错误，就会得到应有的惩罚；象牙塔里的读书人谈及的思辨其实不产生任何效用，也不会给他带来其他什么成果，他从中所汲取的只有更多的无价值、无意义、远离常识的东西，因为他需要花更多的精力和手段把这些东西装扮得像真的一样。我一直强烈希望可以学会从谬误中识别真理，可以将我自身的行动看得透彻，一生都可以坚定前行。

确实，在考察其他民族风俗期间，我没找到任何确定无疑的事物，我注意到不同民族的风俗习惯也各式各样，如同之前不同哲学家持有不同观点那样。那些看起来特别怪异和可笑的习俗通常不会被其他伟大民族所接受和认同，明白这点后，我的最大收获就是，学会不再完全相信那些榜样和习俗所劝告之事，如此，我逐渐摆脱掩盖住我们的理智、让我们无法听从理性的很多错误。这些年来，我研究世界这本书，也从中努力获取经验，我还花费时间来研究自身，尽全力去选择我应走的道路；比起不出家门、不离书本，我这样做似乎收获更多。

# 第二部分

\* **正确运用理性的四条规则**

· 避免先入为主

· 化繁为简

· 从最简单到最复杂

· 从总体复盘

我曾经被尚未结束的战争 [1] 召唤到德国去；当我在皇帝的加冕典礼结束后回到军队时，冬天来临，我在所住街区找不到人聊天解闷，幸运的是，也没有什么让我担忧和扰乱我心神的情绪，我整天都独自待在带有暖炉的屋子里，与自己的思想交谈，并以此为乐。在思索中，我首先察觉到，将不同的大师所著的不同作品编辑成册的合集，通常不如独著那么完美。一般来说，比起不同年代的建筑师在之前的古城墙上所建之物，那些由同一名建筑师设计完成的作品会更美、更有序。因此，那些古城一开始仅仅是小乡村，经过长期扩建后，现在都变成了大城市，但通常因为不是由同一名建筑

---

1　　指 1618 至 1648 年的"三十年战争"。在 1618 年，笛卡尔作为雇佣军加入了代表新教势力的荷兰国军，到 1619 年，他又加入代表天主教势力的巴伐利亚公爵马克西利米安一世（Maximilian I）的军队，马克西利米安一世即下文提到的"皇帝"。

师在一块平地上，按照自己的想法修建整齐的广场和街道，最终在布局上就显得非常糟糕。每位建筑师只着眼于自己修建的那个部分，设计精美胜过其他人，但从整体来看，不同的建筑物大小不一，街道弯曲且宽窄不一，这样的结构与其说是人为运用理性建成的，不如说是顺其自然的结果。在这期间，某些官员对自己所住房屋尽力修缮、维护，希望起到装点市镇面貌的作用，但大家知道，只在他人所修建之物的基础上改造，是无法达到完美的。我能想象，有的民族逐步文明化，但在早期，他们建立法律约束自己，只是由于争执和罪行带来诸多麻烦，因此他们那个社会的文明程度远比不上那些聚集在一起、听从某位贤明谨慎的立法者所治理的社会。遵从上帝一手建立的条规、信奉真正宗教的民族，是其他人无可比拟的。至于谈论人自身的事情，我相信斯巴达民族曾经非常兴盛，但这并不是因为每条法律都制定异常完美，其实当中好些条文看起来非常奇怪，甚至违背良好的习俗。然而，由于这些法律法规都是同一个人制定，它们拥有同一个目标。由此，我认为书本里的学问，很有可能的确是理性思考的结果，但它们没有经过任何论证，是由好些不同的人的观点拼凑和发展起来的。因此，相比起一位有识之士对世上之事自然而然地做出的推理，这些东拼西凑的观点与真理相距甚远。我还想到，因为我们在成人之前都是孩子，因此，在很长时间内，我们受自身欲望的控制还有导师的引导，但这两者通常又相互矛盾，似乎无论哪一方都无法给予我们最好的建议。我们的判断无法做到既纯粹又可靠，我们也不可能在一出生的时候就能够百分之百运用理性，并且，我们的行为也不完全是受理性引导。

说真的，我们倒也没见过只是为了让城市统一布局和让街道更漂亮，就将所有房屋推倒再建。然而我们有好几次见过，有人推倒房屋进行重建，有时是因为房屋有坍塌的危险，有时是因为地基不牢，让房主和住户处于危险之中。以此为例，我认为，以个人计划对国家进行改革，推翻以往所做的，从根基上改变以重建一切，是真的不太可能的。即使只是在学校教学中对学科的内容或者秩序进行改革，也做不到。但我也无法把自己所接受的、所信奉的那些观点完善得更好，只能一次性地去除它们，以便之后能有所补充或替换成其他更好的想法，或者从理性上校正并保存这些观点。我坚信，通过这一方法，比起在老旧的基础上建立起的想法，或者比起在青年时代学习到的、从未验证其真伪的规则上建立的想法，我能够更好地引导自己的生活。因为，即使我了解这其中会遭遇不同的困难，但这些困难并非没有解决的方案，也与涉及公众利益的改革没有太大关系。社会体制一旦被推翻，就很难振兴，即使只是将其动摇，也很难继续维持下去，体制的崩溃只会更加可怕。至于这些体制中不完善的地方——这是肯定存在的，就凭彼此间存在的那点分歧，也足够确定其内部存在不少毛病——习俗或许已经将这些不完善减轻不少，并在不知不觉之间改善和修正许多，对此，我们没有足够的意识。最后，伴随这些修正过的地方，旧体制里的问题也就还能忍受了。这就好比山间蜿蜒曲折的道路也是因为走的人多了，才逐渐变得平坦易行，所以最好是继续沿着这条大道往下走，径直向前，去翻越悬崖，跨过深渊。

这就是为什么我完全不同意让那些急功近利的人去推行新的改革，他们并非因为出身贵族或家世显赫而进入到官场。如果这本书哪怕有一点点让大家怀疑我有如此愚蠢的想法，那我将会非常后悔出版了这本书。我只是计划力求革新自身的想法，建立一个完全属于自己的体系根基，仅此而已。这部作品让我感受到乐趣，但我在此只是向大家提供了一种样式，而非建议大家来模仿。那些上帝更青睐的人怀有更高尚的目标与计划；而我担心我的这个计划对于有些人来说过于大胆了。这一方法可以摆脱我们之前接收到的不同观点，但这并非是人人应该去效仿使用的。这个世界大致上是由以下两类人构成，他们或许都不是很适合走这条路：一种是那些自认为比别人更加聪明的人，他们坚持己见，但没有足够的耐性将自己的想法有条理地整理出来，当他们变得自由，开始怀疑之前学习的这些规则，开始背离大家所走的共同路径时，不知该何去何从，或许，他们将永远无法走到正轨，在余生中迷失；第二种人，拥有足够的理智，为人谦逊，知道比起有能力之人自己没有足够能力辨明是非，并向能人志士学习，这一类人满足于听从他人的看法，不会再去探求更好的想法了。

至于我，如果我人生只有一位导师，或者我从来不了解那些博学之士的观点之间充满着不一致的地方，那么我应该属于第二类人。然而，在读书时我就知道，无论我们的想法多么怪诞不经、不可置信，都可能已经被其他哲学家想过说过。在我外出游历时也发现，那些与我们的情感完全不同的人，其实并非未开化之人或者野蛮人，与我们相比，他们运用理性的程度和我们相同，甚至更多。我还发现，如果同一个人，怀有同样的才智，从小在法国人或者德国人家里养大，那肯定与在东方人或野蛮民族那里养大不一样。甚至可以拿衣服式样来举例，十年前时兴过的式样，现下看来让人感到怪异和可笑，但说不定十年之后又重新流行。因此，其实是风俗还有实例说服了我们，而非确切的知识本身。至于比较难发现的那些真理，不同人的不同看法也并非是没有价值的例证，因为比起整个民族所认同的看法，某个人的发现会更接近真相。我不认为某个人的观点比起其他人的更完美，因此，我无法追随他人，只能自己来指导自己。

然而，我好像是一个人在黑暗中独自摸索，下决心慢慢前进，对每件事情都谨慎地探索一番，如果说我前进得不多，那至少可以保证自己不至于跌倒。在我写作之初，即使他人的观点不经理性思考就进入我的脑海里，我也不会一开始就将这些观点弃之不理，在下笔之前，我会用足够的时间去寻找真正的方法，尽我所能来夯实对所有事物的认知。

在比较年轻时，我学过哲学里的逻辑学，还有数学中的几何学和代数，这三门学科似乎能对我的计划提供些支撑和帮助。然而当仔细研究下去，我注意到逻辑学、三段论和绝大部分学科知识，主要是用来解释已知之事，甚至卢尔[1]所说的"艺术"，也只是用来不加判断地向他人讲解未知事

---

1　雷蒙德・卢尔（Raymond Lulle ，1232—1315），加泰罗尼亚哲学家、神秘主义者，著有《伟大的艺术》（*Ars Magna*）。

物，而不是用来学习新知识。这其中的确存在很多真知灼见，但也有很多混淆是非的观点掺入其中，后者不仅多余还有害，但我们很难将之从那些真知灼见中区分开来，如同很难将一尊戴安娜女神像或密涅瓦女神像从一块未经雕刻的大理石中提取出来。从古代代数到现代代数，分析越来越抽象，看起来没什么用处，它们的首要任务一直仅限于观察分析图形，把人的想象力搞得疲惫不堪，用来训练人的理解力。如此，大家都听从某些规则和数字，建立起一门混沌不堪的学科，搅乱了自己的心智，让其得不到培育和发展。究其原因，我认为应该去探寻另外的学习方法，既可囊括刚才提及的三门学科的优点，又可以将它们的缺点排除在外。例如，为解决争端所建立的法律条文数不胜数却执行不力，反而为恶习提供了借口。因此，与其从逻辑上建立大量的规则，我认为，仅遵从以下四条规则即可，但愿我可以严格地、持久地遵守这四条规定，一次都不违背：

第一，凡是不了解的观点，我绝不将之当成是真的，也就是说，避免轻率地下判断还有先入为主，只相信在脑海里清楚明白地呈现出来的观点和完全不受怀疑的事物。

第二，把我要去研究的难题尽可能分成一小块一小块，然后逐步解决。

第三，理清我的思路，从最简单、最容易认识的对象开始，逐步上升到最复杂的认识对象；对本身没有先后之分的事物，也分门别类和排序。

最后，检查每一处数据的完整性以及进行总体复查，确保没有任何疏漏。

几何学家习惯使用一系列简单又易懂的推理来进行最难的论证，这一系列推理给我的启发是，将人类能认知的所有事物以同样方式串起来，只要我们避免将假的说成是真的，只要我们一直保持这一推理秩序不变，那么，再去演绎出别的知识，就没什么事物会遥远到我们无法知晓，或者隐藏起来无法探知了。需要从何开始，这不难知道：因为我早已了解到，应该从最简单、最容易认识的事物开始。当我看到在探寻真理的不同的学科里，只有数学家已经得出一些结论，也就是说，一些确定的、显而易见的推理，我也就毫不犹豫地从他们所研究的事物开始。即使我不寄希望于我的研究能够带来什么益处——它们能让我的心灵得到追寻真理的满足——我也不想要做出错误的推理。但是，我并没有计划去努力学习我们通常所称的数学这门学科下的所有科目。我看出它们研究的对象各不相同，并且彼此间没有协调统一，在那里，大家所研究的是彼此间的关系和比例，我认为对我而言，从总体上研究彼此的比例、关系就好，不必将它们放入具体的对象中，即使这样做可以帮助我更加容易地认识它们，甚至不要对它们进行任何限制，以便将它们应用于适合它们自身的对象。接着，我注意到为了认识彼此间的关系，有时候需要将它们各自分开察看，有时候只需要从整体上一起看待，或者将某几个拿出来进行理解。我认为，为了更好地探索它们，应该将它们看作是线条，因为我找不到更加简便的方式了，并且在我的想象力还有感官面前，这将呈现得更加清晰。然而，为了从整体上或者部分上把握，需要尽可能地使用最小的数字来进行解释。通过这一方式，我保留了几何学还有代数学中的精髓，并依次修改其错误。

其实，我可以大胆地说，使用了这少许几条规则来进行观察和思考后，我已经轻易地理顺这两门学科所涉及的所有问题，在两三个月间，我从最简单和最普通的问题着手，逐步进行研究和解答，每一条真理都是一条规则，还可以用这条规则帮助我找寻别的规则，我不仅解决了以前感觉特别难的问题，还有把握能够走到底，有信心去解决那些未知的问题，并且知道需要使用什么方法来解决，以及只能解决到什么程度。在这方面，对大家而言，我的工作或许没有那么徒劳无功，你们都知道，每种事物只存在一条真理，谁发现了这条真理，谁就知道了我们所能掌握的知识。例如，一个学习算术的小孩子，按照规则进行加法运算，他所触及的数字之和，肯定是人类理智所能发现的一切了。因为，方法最终是教会人遵守真正的秩序，确切地列举出我们所探寻的所有状况，它包含了支撑算术规则的确切性的全部条件。

但是，这套方法最令我满意的是，我能放心地通过这一方法来行使我的理性，当然不能说是完美，但至少最大限度地发挥了我的能力：在运用这套方法的过程中，我还感受到心灵逐步习惯更清楚、更清晰地看待它的对象；以及，我没有将这套方法固定用于某个方面，而是打算将之有效地用来解决其他学科的困难，就像当时解决代数中遇到的问题那样。不过，我并没有因此就在一开始大胆地去研究所有摆在我面前的学问。因为如果这样做，那就与此套方法本身所处的位置和顺序相悖。其实，我觉得这些规则应该是从哲学那里借鉴过来的，但从这门学科中，我没有找到任何确定的东西，即我认为从一开始就应该确立稳固的基础。这是世上最重要的事情，但又唯恐自身的急躁与偏见先入为主，那时我也才23岁，还不到足够成熟的年龄去开展和完成此类工作。在此之前，我花费了很多时间去准备，将之前接收到的错误的观点从我的思想里一一去除，同时积累了诸多经验，用于将来的推理，这期间我不断练习自己总结的那套方法，并不断巩固、加强这套方法。

# 第三部分

**\* 正确行事的四条规则**

· 遵循法律和风俗

· 行事坚定果断

· 反求诸己

· 坚守自己的方法

最后，在开始重建我们的住宅前，仅仅将旧建筑推倒、准备好建筑材料、请好设计师或者自己承担设计的工作、仔细地画出设计图，这些还是不够的；因此，当我不得不用理性下判断时，为了在行动上不再犹豫不决，也为了今后还能过上最幸福快乐的生活，我为自己预先制定了一套道德规范，由三四条准则构成，在此与大家分享。

　　第一条：遵守国家的法律还有风俗习惯，坚守自身的信仰。从我小时候开始，上帝给予我诸多恩赐，并在所有事务上指引我跟随最为谦逊且远离极端的观点，最为明智之人通常接受并应用这些观点，我在生活中理应追随他们。因为，自此之后，我不再相信自己的看法，希望将这些观点都重新审视一次，但可以确定的是，追随这些最明智之人的观点是再好不过的了。在波斯人还有中国人当中，又或者在我们当中，同样存在明智之人。在我看来，最为有用的是跟随他们的步伐解决自身遇到的问题。为了了解他们真实的想法有哪些，我更应该注意他们如何实践自己所说的话，这不仅因为世风日下，极少人愿意讲出心中所想，还因为有的人其实并不知道自己内心为何。因为我们相信某事时的心智活动，与我们知道我们相信某物时的活动并不一样，这两者也没什么关联。在其他我所接受的观点中，我仅仅相信最适中、温和的，尤其是因为这些观点在应用的过程中最为实用，也最有可能是最好的。一切极端的习俗通常都非常糟糕，为了避免自己偏离正道，当我选择了走极端，快误入歧途的时候，最好是纠正自己走上另外一条道路。尤其是在极端的观点中，我会许下各种承诺，而这些承诺限制了自身的某些自由。为了不让那些软弱之人反悔，当我们实行某个计划的时候，为了保障交易的确定性，我并不反对法律规定双方公平交易，以及签订协议，并且必须遵守。然而我不认为，一段时间之后，事情会保持同一个状态而不起变化，就我个人而言，我会让自己在判断上越来越趋向完美，而不是越来越糟。如果当我发现自己曾经认同的事物其实是一个极大的错误，与真理背道而驰，而我还将它看作是正确的时候，那我将会阻止这一错误持续下去，也就是说，我将改变自身的想法。

第二条：行事上尽可能做到坚定和果断，一旦确定某个想法之后，即使存在着很大的怀疑，也坚决遵循这条路走下去。就以旅行者为例，它们在某座森林中迷路了，不应该一会儿往这个方向走，一会儿转向另外一个方向，也不能在同一个方位停留，而应该笔直地走下去直到能够到达森林的另一头，即使对这一方向的选择在一开始仅仅是偶然的，但也不要因为某些微弱的理由而去改变方向。因为，只有通过这样的方式，径直走向目的地，至少还能到达森林的另外一边，比起一直滞留在森林中要好很多。同样，生命中的行为通常无法容忍任何延迟，最为确定的真理是，我们没有能力辨认出真理，那就应该跟随可能性最大的道路。如果我们无法探究这样那样的可能性，那至少应该确定某些道路，再一一考察，这并非怀疑它们，而是在实践中把它们看成最真实、最确切的，因为我们选定这些道路的理由便是如此。自此之后，我不再后悔，不再反复无常，这两点让那些软弱、摇摆不定的人在行动中经常改变想法，在未来某个时候，又把当下视为对的事情看成是错的。

第三条：一直努力地去战胜自己，而不是战胜命运，去改变自己的愿望而不是世界的秩序，始终相信除了能够掌控自己的想法之外，其他事情是无法掌控的。如此，我们尽最大努力去处理外部之事，如果不成功，那是因为能力所不及，而非其他。这点让我满足于当下，对于即使在未来也无法实现的事情不再抱有幻想。我们的意志力必然是在某种程度上，希望能够实现自己的所思所想，可以肯定的是，如果我们将自身之外的财富同样看作是我们能力所不及的，当我们失去了这些并非因为我们能力缺乏而得不到的东西，或者当我们本就不是中国或者墨西哥的皇族，我们就不会对天生缺少的财富感到懊恼。就像大家所说的，生病的时候不会妄想健康，坐牢的时候也不会妄想自由，更不会要求身体如钻石那样坚硬不朽，或像鸟儿那样展翅飞翔。然而，我也承认，这需要长时间的训练，还有反复沉思，以便习惯于从这一角度去看待万事万物。我相信，哲学家的秘密主要就是建立在这个基础上的，他们能够摆脱财富的支配，即使处于痛苦与贫困中，也能与他们的神讨论至福的问题。因为，他们一直专注于探究大自然限定的界限，相信他们的思想是他们的能力唯一所及之物，仅这一点就足以阻止自己对其他事物有所记挂了。他们完全地掌控自己的思想，清楚地认识到自己比起其他人更加富有、更加强大、更加自由，也更加幸福，其他人不懂这种哲学，即使能够得到上天和命运的眷顾，也无法事事如意。

最后一条：作为这套道德规范的总结，我大胆地对人生在世承担的不同工作做一次检视，以努力从中做出最好的选择。我不想对别人所从事的工作品头论足，只想最好能一直继续我所选择的这项工作，也就是说，耗费一生的时间来培养我的理性，使用我所制定的方法，在对真理的认知道路上前进。自从我开始使用这套方法，就感到非常满意，我觉得世上也没有比这种快乐更加温和、更加纯粹的了。当我每天通过这套方法发现了某些在我看来非常重要、但别人还不知道的真理的时候，那种快乐完全占据了我的大脑，让其他事物在我大脑中都无立足之地了。此外，以上三条规则也建立在这个计划上，我应该持续教育我自己：因为上帝赐予我们每个人一些智慧来分辨真假，如果我不使用我的判断力去检验他人的想法是否正确，那我就一分一秒也没办法赞同这些想法。当我对任何事物有所迟疑时，我就无法继续下去，我不想失去任何机会去找到更加真确的观点。最后，我不会限制自己的要求，也不会一直满足下去，如果通过我选择的道路，确实能够获取所有的知识，那我就想通过同样的道路去获取所有的好东西，即使我的能力或许还不足够。更何况，我们的意志力要追寻还是躲避某样东西，也是根据我们认为这个东西是好还是坏，这样才能好好地下判断，做事也就不会再有什么差池。要尽自己所能去辨别是非，那自身的行为自然会更加正确，也就是说，这是为了获取所有的美德，还有一切我们可以获取的事物。当我们肯定这一点的时候，我们自然也就心满意足了。

确立的这几条原则给予我足够的保障，加上我心中一直占据首要位置的信仰之真理，我认为可以自由地摆脱其他观点了。因为我特别希望可以更好地与其他人交流，而非长时间地把自己关在引发以上思考的、带有暖炉的房间里，因此，在冬天还没有结束的时候，我便踏上了旅程。在接下来的九年时间里，我在这世间兜兜转转，试着在世间舞台上做一名观众而非演员。我对世间每一个问题都进行思考，特别是针对那些存有疑虑的、可能会被大家搞错的问题，如此，我去除了曾经溜进我脑海的所有错误观点。在此，我并非要效仿那些怀疑主义者，他们是为了怀疑而怀疑的，喜欢问题一直不被解决。相反，我整个计划力求确立起真实的东西，去除那些浮动的砂土和地面，找到岩石和黏土。在我看来非常成功的是，在研究中，我不是通过随意的推测来发现那些虚假的、不可靠的部分，当我遇到那些本就不可靠和可疑的命题，我也能从中进行推理，得出可靠的结论。当我们推翻一座旧建筑的时候，我们一般会保留建筑材料，用于重建一座新建筑，因此，当我认定之前的想法并没有建立在坚实的基础上时，我会将它们全部推翻，再进行多次观察和获取新的经验，用于重新树立更坚实的观点。此外，我坚持使用这套自创的方法来训练自己。根据这些规则，我留意到应该如何引导自己思考，因此，我时不时给自己留些时间运用这些原则去解决数学上的难题，甚至解决了其他学科上的一些相似的难题，并将这些问题从我认为不那么可靠的原则中脱离开来，大家将会在这本书[1]中看到好些例子。如此，表面上看起来，我和其他人生活无异，只是愉快地、纯粹地生活，学习将快乐与恶习分开，不知疲倦地悠闲地生活，快乐地消遣，持续开展我的研究计划，从对真理的认知中得益，这比我只是埋头苦读，或与那些文人雅士来往交流，或许能有更大的收获。

九年过去了，我还没解开学者们争论不休的难题，也尚未开始追寻比相对盛行的观点更为确切的哲学原理。好些有识之士也有此计划，但在我看来并没有获得成功，这让我意识到事情异常艰难，如果不是看到已经有人对我所做之事透出风声，说我已经完成整个计划，我可能还不敢放手去做。

---

1 　《谈谈方法》一书原本还附有《屈光学》《气象学》《几何学》等三部作品。

我不知道他们有此想法是建立在什么基础上。如果说我在自己发表的言论中作出了什么贡献，那应该是我比某些做学问的人老实，承认我所不知的，对其他人确信的很多事物道出我怀疑的理由，而不是吹嘘任何一门学说。然而，为了避免名不符实，我想应该尽力让自己符合别人给予我的声誉。整整八年，这一想法让我远离一切我所熟悉的地方。我隐居在此，这是一长期遭受战乱的国度，战后建立了良好的秩序，军队驻扎在这里也只是为了维护人们得以享受和平的成果，对此给予保障。当地居民众多，大部分人都勤劳工作，对自身的事务非常在意，而不去多管别人的闲事。虽然我独自一人居住在远离人群的地方，但在此地生活仍旧非常便利，并不比大城市差。

# 第四部分

* "我思故我在" 的洞见如何产生
* 上帝和灵魂存在的证明
* 对感官世界的怀疑

不知该不该和大家讲一讲我这些年经过沉思获得的首批成果。因为它们十分形而上，没那么通俗易懂，可能大家对此也不感兴趣。尽管如此，为了让大家可以评判我打下的基础是否坚实，即使我觉得有些拘束，但还是得和大家谈谈。很早之前我就注意到，由于习俗使然，有时还是需要遵循一些完全不可靠的观点，把它们当成不容置疑的，这是以上我已经讲过的。但因为我只着眼于对真理的追寻，那么我想，我的做法应该完全与之相反，我将那些自认为有一点点可疑的观点完全弃之不理，看作是绝对错误的，看看除此之外在我身上还能不能剩下点可信之物。由于我们的感官有时候会欺骗我们，于是我推断，事物的面目只是我们感官想象出来的。因为，有人在推理几何学中最简单的问题时都会弄错，得出错误的结论。为了让自己不成为这样的人，我把以前所学的、论证过的所有推理都弃之不用。最后我观察到，那些我们醒着的时候所想的事物，会在梦中出现，但梦中所思的并非真切，所以我就假装那些从没有进入过我内心的东西，和我梦中的幻想一样不真实。就在我认为一切都是虚假和不真实的时候，我注意到那个做出以上思考的我，必然是某个东西。这条真理是：我思故我在。这是确定无疑的，怀疑主义者所持有的最怪异的猜想也不可能动摇这一真理。因此，我毫不犹豫地将这条真理看作是我所追寻的哲学第一原理。

接着，我仔细地研究自己是谁，可以假设我没有形体，假装我所在的地方没有任何人，甚至不存在任何空间。然而，我无法假装我不存在。恰恰相反，我怀疑其他事物的真实性，反映出"我存在"这一事实是如此明显和肯定。如果我停止了思考，即使我之前所想的全部东西都是真实的，我也没有理由相信自己存在了。此处，我意识到自己是一个实体，而它的本质或者说天性是思想，因此，它不用占据任何空间以及依靠任何有形之物。为了将这个自我——也就是灵魂，通过它，我才能是我——完全区别于肉体，认识这个自我是非常惬意的事，即使形体不在，灵魂仍将是它自己。

自此之后，我就开始考察，在一般情况下，获取一个真实确切的观点需要什么条件。既然我刚才已经找出了一条真理，我想我同样应该了解是由哪些因素组成了它的确切性。

我发现，我所说的"我思故我在"肯定是真实的，从这点上可以非常清楚地看到，先有存在，后才能思考，除此之外再没别的了。我认为可以将此看作是一条普遍原则，也就是，能够被非常清晰、明确地认识的观点，全部都是真的，但是这其中存在一个难点，就是得明白哪些东西属于通过明确的认知而来。

然后，我继续思考我在怀疑什么，我的结论是，自我这个存在并不完美，因为我很清楚地意识到，比起怀疑某物，认识某物才称得上完美。我想要搞清楚的是，我认为某个事物比我更加完美，这个观点是从哪里得来的？我能肯定地做出总结：这应该是来自某种存在着的、更为完美的天性。至于我头脑里对自身之外的那些事物的想法，例如太阳、地球、光线、热等其他成千上万种事物，我不太费劲就能知道它们从哪里来，因为我看不出它们哪里比我更高级，因此，如果我有理由认为它们都是真实的，那就是依附于我的天性，那么我的天性也有几分完美。如果这些事物不是真实存在，那就是我凭空杜撰出来的，也就是说，只是因为我的心灵存在某些缺陷才认为它们存在。但是，世上有比我更完美的存在，如果这是我凭空杜撰的，那就无法呈现在世人面前。说一个不那么完美的事物不依附于更完美的，说某个东西能无中生有，是不会有人赞同的，因此我无法凭空杜撰，也就是说，有比我更完美的一股自然力量将这些东西自然而然地放在我的脑海里，并且，在这股自然的力量上存在着一切的完美，说得简洁点，它就是上帝。在此我补充一点，既然我能认识到那些我自身并不拥有的完美，那么我就不是唯一的存在（请大家原谅，我在此使用了学院派的措辞）。因此，肯定存在一个更加完美的、让我依靠的以及让我从中能够获得我现在的想法的源头。如果我是唯一的且不依附于任何事物的存在，那么，我就是完美世界中的一小部分，同样的理由，我可以从身上找到所认识到的自身缺乏的身外物，那么我就能变成无限的、永恒的、恒定的、全知全能的，以及拥有我在上帝身上看到的一切完美。因为按照刚才我所作的推理，认识上帝的本质就像认识自己的本性，都是可能的，我只需要从自己身上寻找出一切，然后看看它们是否完美就可以了。但我可以肯定，上帝那里不存在任何标识为不完美的事物，那些不完美的肯定不在他那儿，例如，我不会在他那儿看到与怀疑、易变、忧伤等相似的事物。因为，我自己都想要摆脱这些。除此之外，我也对一些感性的、有形体的事物进行了思考，产生了一些看法。因为，虽然假定我做梦梦见的、看见的或者想象的一切事物都是虚假的，但我还是不能否认我脑子里的这些观点和想法是真实存在的。因为我已经很清楚地知道，在我身上，智力这一天性是与肉体区分开的。考虑到事物的组成证明了其依赖性，而这一依赖又展现出事物的缺点、不完美，因此我肯定，上帝的完美，不是由这两种物质（智力与肉体）组成，因为他的确并非如此。如果这世上存在着某些物体形态，某些聪明才智又或者是其他不完美的事物，那它们的存在肯定依赖于上帝的力量，没有上帝的话，它们就无法维系哪怕一瞬间。

在这之外，我还想继续寻求其他的真理。我拿几何学的对象来研究，把它看作一个连续体，或者一个在长、宽、高上均为无限广延的空间，分裂为不同的部分，这些部分均有不同的形状和大小，还能以各种形式移动、转变，因为几何学家就是这样设定它们的研究目标的，我浏览了其中最为简单的几个推论。我注意到，大家对这几个论证给予了极大的肯定，只是因为它们遵循了我刚才所说的那条规则。但我同时还注意到，在这几个结论中，没有任何一个能够确认他们所研究的对象是存在的。因为，例如我假设一个三角形，那么它的三个内角总和必定等于两个直角的总和，但我没有看出是什么让我确信这个世界上存在着三角形。与其再回到我之前讨论的关于完美的存在，不如就套用这个三角形的命题来看，这样会更加明确：三角形的三个内角加起来等于两个直角之和，这一命题包含在三角形的定义中，或者说，一个球体中，球面任意一点到中心的距离都相同。因此，上帝的完美存在，与以上这两个例子一样确定，其实，他的存在比起任何我们所知的几何学结论都要确定无疑。

　　然而，我们中有一些人觉得以上问题很难理解，同样，他们也觉得很难认识自己的灵魂。这是因为他们从来没有试着在感官事物之外培养自己的思想，他们一直习惯用想象力来思考问题，而后者只是一种用来思考物质世界的方式，并且，他们将那些无法想象出来的事物都归结为无法理解。在学院里，哲学家奉行的一条格言同样也显示出，人们所理解的没有任何一条是首先出现在感官中的。并且可以肯定的是，关于上帝、灵魂的观念也从不出现在感官里。在我看来，那些希望用想象力来理解上帝或灵魂的人，就好像是用眼睛去听声音、闻味道。还有这样的不同：视觉同嗅觉还有听觉一样，让我们确信它们所感知到的对象的真实性；但如果我们的智力不介入，那么我们的想象力、感官所获取的，其实都无法被肯定。

　　最后，如果还有人听了我所说的，仍旧表示不太相信上帝以及人类灵魂的存在，那我非常想要让他们知道，所有一切他们可能深信不疑的事物——例如人的身体，又例如星星、地球等类似的东西——并没那么确定无疑。因为，我们确信这些事物的存在，这比起我们怀疑它们，显得没那么怪异或者说没那么不理性，但在形而上学具有的确定性面前，就会出现问题，我们可以一一将之否定，也就是，并不存在足够的理由去完全相信那些曾经深信不疑的事物。我们注意到，当我们睡觉的时候，同样可以想象我们拥有另外一个身体，看见其他的星星和另外一个地球，但其实这些东西并不存在。梦中的思维更加活跃、更加敏捷，那么我们又是从哪里得知这些比起其他的想象更虚假呢？有识之士根据自己的喜好进行研究，如果他们预设了上帝的存在，那我不认为他们可以拿出足够理由去否定这个猜测。因为，首先，这也是不久前我才掌握的一条规则，即被我们清楚地、清晰地理解的事物都是真实的，这条规则之所以确实无误，是因为上帝存在，并且他是完美的存在；还有，我们身上的一切都来源于上帝：我们的想法或者观点都是从上帝那里得来的，是真实的。一切清楚的、清晰的观点，在神那里也是真实的。如果我们常常抱有错误的想法，那应该仅仅是因为在这些想法中，有的东西是模糊的、晦涩难懂的，也因为这些想法具有虚无的特性，也就是说，如果我们身上产生了一些模糊的观点，那只是因为我们并非完美。很明显，说"上帝不完美"与说"真理或者完美来自虚无"是同样的无稽和荒谬。但是，假设我们不知道我们头脑中真实的看法是来自一个完美又无限的存在，那么即使我们的看法是清楚的、清晰的，我们也没有任何理由确信它们的完美是真实的。

此刻，在认识到上帝和灵魂存在，并确信了这条原则之后，再来理解我们入睡后所做的梦就容易多了，这些梦绝不会让我们去怀疑清醒时所作的思考的真确性。因为，在睡眠中，我们有时也会有些非常清晰的想法，例如，几何学家在睡梦中发现某种新的证明，睡眠并不会妨碍这一想法的真确性。至于我们梦境中最平常的错误，在于仅以外部感官这样的方式来呈现不同的对象，这样的错误向我们隐藏真相，不过不要紧，因为它们可以让我们在清醒时犯同样的错误。例如，黄疸病人看什么都觉得是黄色的；又例如，星星，或者那些远离我们的天体看起来比它们真实的体积要小很多。最后，无论是清醒着还是在睡梦中，我们只会听从理性去认识和相信事物。值得注意的是，我说的是我们的理性，而非想象或者是感官，比如，我们很清楚地看到了太阳，但无法因此下判断说，太阳就是我们看到的那么大；我们可以清楚地想象狮子的脑袋安在山羊的身上，但不能就此得出结论说世界上存在这样的怪兽。因为理性并没有告诉我们说，我们想象出来的是真实的。然而，理性告诉我们，我们所有的想法和观念应该有某个真实的基础才行。因为完美而真实的上帝，是不会把没有真实性的想法放入我们脑海中的；还因为，我们在睡梦中进行的推论比起在清醒的时候所作的推论，没有那么清楚和完整，即使有时候在睡梦中，我们的想象力更加活跃和鲜明，但是，理性同样告诉我们，我们的思考不完全是真实的，因为我们并非完美，在清醒的时候所作的思考比起睡梦中所想的，应该更加真实和准确。

# 第五部分

* 对物理学的构想
* 对人体生理学的构想

在此，我很乐意给大家讲一讲我从上面这些基本原理中推出的其他一系列真理。但如果现在这样做，就需要讨论好些问题，而学者们对这些问题充满争议。我想最好是不要陷入这些论战中，因此，我仅仅大致地讲一讲，以便留给更为智慧的人来评判我所说的是否有用。一直以来，我都下定决心只坚持那些用来证明上帝和灵魂的存在的原理，而不去设定其他的原理，如果某种推论在我看来不比几何学家所作的推论更清楚确定的话，我也不会把它们当作是真的。至少我敢说，在极短时间内，我不仅找到了让我感到满意的方法，这一方法涉及所有我们习惯到哲学领域内去处理的难题，还涉及认识上帝在自然界里立下的那些法律规则。上帝将这些基本原则都印刻在我们的灵魂中，当我们通过足够的思索之后，就不再产生怀疑，而是去遵循世上的这些规则了。接着，在考察这些规则时，我似乎已经发现了某些非常有用以及非常重要的真理，这比我之前所学的，或者说我之前希望学会的更加重要。

我曾经在一本专著中[1]解释这些原则，然而，因为遇到某些障碍，这本书没有出版，我也不知道怎么做才好，只能在此概述一下它的大致内容。这本书涉及物体的本质，在动笔之前，我计划写下所有我知道的；但就像画家作画那样，他们无法在同一个平面的画框中展现物体的各个侧面，于是他们选择一个主要的面，让它正对日光，而将物体的其他面隐藏在阴影中，从而让观者在看到受光的那一面时，能附带看到物体的侧面。同样，我担心无法在文字中呈现我脑子里的所有东西，只好完整地讲述我对"光"的理解，然后再趁机补充一些关于太阳和其他恒星的东西，因为这些物体都几乎全部带有光。我想再补充讲一下宇宙，因为宇宙能传导光线；还有行星、彗星和地球，因为这些星体能够反射光线；尤其还得讲一讲地球上的所有物体，因为它们有的是有颜色

---

1　即《论世界，或论光》（*Traité du monde et de la lumière*）一书。在那本书中，笛卡尔阐释了他对物理世界、人体构造等一系列主题的思考，是他早期的重要作品。该书搁置出版的一个原因，或许是1633年伽利略受教廷审判。《谈谈方法》第五部分的主要内容就来自这本书。

的、有的是透明的，有的是能发光的；最后，我要讲一讲人类，因为人类是这一切的观众。同样，为了稍微把这一切往背光处挪一挪，让我可以更自由地讲一讲我的判断和想法，不必去追随或者反驳学者们所接受的观点，我决定留下这个世界让学者们去争论不休，而去讲一讲在另外一个新世界中将会有什么东西——如果上帝在其他地方，甚至是在想象中的空间内创造足够多的物质来组成一个新世界，让这些物质无序地形成不同的部分，最终形成一片乱七八糟的、混沌的世界，就像诗人所能创作的作品那样，自此之后，上帝只需要向自然界提供普通的协助，便可任由这个新世界根据他所设立的法规行事。于是，我首先对这种物质进行描述，尽量将它表述成这个世界上除了刚才提及的上帝和灵魂之外最清晰、最能被大家所认识和理解的事物。因为我明确地作出假设，它不具备任何经院中学者争论的"形式"或者"性质"，通常来说，我们的灵魂也能自然而然地对其有所认识，我们也不能装作不知道它的存在。此外，它也让我明白自然界的规律。我的理智只基于上帝的无限完美，而非其他，在此基础上，我尽力地去论证我们所怀疑的那些规律，尽力让大家看到上帝用这些规律已经创造了多个世界，在所有世界里，它们都不会缺席，都会被遵循。之后我将证明，这片混沌中的物质里，最大的那一部分遵循这些规律后，应该如何以某种方式自行去部署与安排，成为与我们的宇宙相似的样子。其中，某些部分应会组成地球，某些部分组成行星，还有彗星，其他部分组成太阳以及恒星。在此，我会延伸一下说说"光"这个主题，解释一下在太阳和其他星球上的光到底是什么，它如何从这些星球上一瞬间穿越整个浩瀚无际的宇宙，以及它如何从星球还有彗星上反射到地球。我还要补充一些涉及天空还有天体的物质、位置、移动轨迹和不同性质的问题。我想我应该说得足够多，来让大家认识和了解这个世界里的物质应该是相似的，或者至少可以与我所描述的世界里的物质相似。接下来，尤其要讲一讲地球：我已经明确地假定上帝没有在组成地球的这些物质中加入任何重力，那么地球的每一部分是如何准确地被引向地心的；地球表面有水和空气，天空、星星，尤其是月亮的分布会出现不同的涨潮、落潮，在任何情况下，这均与海洋里的情况相似，与水流、气流、日出日落相似，这与我们在热带地区所关注到的情况相似，这些都是如何运转的；山川、海洋、泉水、河流是如何自然而然地在地球上形成的，金属是如何在矿山中产生的，植物又是如何在原野上生长的，还有，各式各样混合而成，或者是组合而成的物质是如何产生的。在这其中，因为我认识到，除了星星之外，只有火会产生光，所以我将力求让大家很清楚地了解火的一切属性，包括它如何产生，它靠什么维持，有时候它产生热量但不发出光，有时候发出光却不产生热量；它如何在不同的物体上产生不同的颜色，还有不同的属性；它如何让某些东西变软，而让其他东西变得坚硬；它如何将几乎所有的一切烧毁，或者说烧成灰烬，变成轻烟；最后，再讲一讲这些灰烬通过怎样的突变又被制成玻璃；在我看来，从灰烬到玻璃的这种转变与自然界发生的其他一切的转变都同样的奇妙，因此，我特别乐意去描述这一转变。

然而，我不想根据这些事物推出这个世界是按照我提出的方式创造的：因为更有可能从一开始，上帝就将它创造呈现为应有的样子。可以肯定的是——这也是神学家内部统一的观点：上帝现在所保留的行为就是当初他创造这个世界的行为。因此在一开始，上帝只是给予这个世界一片混沌，而没有其他，但只要他建立了自然界的法规，那就是给予了他的支持和帮助，以便大自然可以运转起来。因此我们可以相信，自然界形成的惯例并不与创世相左，并且单凭这一点，所有纯物质的东西才可以在时间长河中演变成我们现在看到的样子。我们以这样的方式逐步了解这些事物如何产生，因此当我们想了解这些物质的属性时，就比直接研究其成品更加容易了。

在描述完无生命的物质和各类植物后，我接着来讲一讲动物，尤其是人类。但是，因为我对此的认知不够，所以无法用同样的方式来描述余下的部分，也就是说从原因到结果来进行论述，让大家了解根源为何，以及大自然是通过何种方式创造出动物。我假定上帝创造了人的身体，且个个相似，从外部形态和内在器官结构上，都是采用我之前所描述的那种物质来构建的，虽然在最初并没有放入理性的灵魂或其他用于滋生、感受灵魂生长的任何物质，但在我们的心里存在着之前所说的那种不发光的火，我不了解这种火的属性，仅仅知道它可以让捆起来的湿草堆发热、干燥；或者是，当我们酿酒的时候，可以用这种火让新葡萄酒沸腾。我研究了人身体里的各项机能，发现这些身体机能并非我们所想的那样，并非因为灵魂（也就是之前说的与身体分离的部分，其本质是思想）的存在而产生，这些机能与我们所说的没有理性的动物身上的机能相似，我从中没有找到任何机能依赖于思想，后者只属于我们人类。我假设上帝创造了具有理性的灵魂，并以所描述的这一特殊方式附加在身体之上，才让我最终发现了人体的各项机能。

为了让大家了解我用何种方式来研究身体这一物质，我想在此解释一下心脏和动脉如何运动，这两者均是我们在动物体内观察到的最首要也是最基础的运动，从这点出发，我们能很容易地推出我们能想到的其他运动是怎么回事。为了让大家比较容易地理解我所说的，我想请那些不精通解剖学的人在读这些文字之前辛苦一下，去切开大型有肺动物的心脏，放在自己面前，因为这些动物的心脏与人类的非常相似，看看它们里面的两个心腔。首先，在心脏右边这个心腔里有两条粗大的血管：这其中一条是腔静脉，是血液汇集的主要地方，如同树干，而身体其他的血管就像树枝；另外一条是动静脉[1]，这个命名有些问题，因为这其实是一条动脉血管，以心脏为开端，延伸出心脏后形成多条分支，布满整个肺部。然后，在心脏的左边，同样有两条与右边一样粗甚至更粗的血管：这其中一条是动静脉[2]，这个命名也存在问题，因为其实这是一条静脉，是来自肺部的，也存在许多分支，并与肺动脉相互交织在一起，还与气管的分支交织在一

---

1　即肺动脉。
2　即肺静脉。

起，呼吸的时候，空气通过喉管[1]进入肺部；另外一条便是大动脉[2]，以心脏为起点，其众多分支布满全身各处。我还想要仔细地给大家指出心脏里有十一片薄膜[3]，好像十一扇小门那样，在两个心腔里组成四个开、关的出入口，其中三片位于腔静脉的入口，这样的组成能让血液流入右腔，而不能流出；另外三片位于肺动脉的入口，其组成方向完全相反，可以让右腔血液流入肺部，而无法从肺部回流入心脏；另外两片在肺静脉的入口，允许血液从肺部流入心脏的左腔，而无法流出；最后三片则位于主动脉的入口，允许血液从心脏流出，而无法流入。在此不必追问这些瓣膜的数量和成因。肺静脉入口处呈椭圆形，因为位置的原因，两片瓣膜就能容易地闭合，而其他三条血管的入口为圆形，需要三片瓣膜。此外我还想请大家注意，主动脉和肺动脉的组织比起肺静脉和腔静脉要更结实和坚硬；这两条静脉血管在进入心脏前会扩大成囊性，称为"心耳"，其组成与心肌类似；心脏里的温度通常比身体其他地方都要高，这样的热度能够让

---

1　即气管。

2　即主动脉。

3　即瓣膜。

流入两边心腔的血液迅速地膨胀和扩张，正如我们将一滴一滴的液体滴入非常热的容器里，这些液体也会如此膨胀。

接下来，我觉得不必说别的也能解释心脏的跳动了，当两个心腔没有充满血液的时候，血液必须从腔静脉流入右腔，以及从肺静脉流向左腔；当这两条血管充满了血液，血管朝向心脏的入口就会打开，不会堵住；一旦有两滴血进入心腔一边一滴的话，会因为进入的开口足够宽，而与之连接的血管充满了血液，以及因为心腔的热度，一下子变得稀薄以及膨胀，因此心腔就会瞬间扩大，心脏舒张，随后进入心腔的血液会关闭之前进来的五扇小门，阻止再有血液流入心脏；随着血液持续地变得稀薄，它们又会推开另外六扇小门，进入另外两条血管流出心脏，通过这个方式，血液让肺动脉和大动脉两条血管扩张，这几乎是和心脏舒张同时发生；接着，心脏和这两条动脉收缩，因为血液流入后会冷却，然后六扇小门关闭了，腔静脉和肺静脉连接的那五扇小门又重新开放，让另外两滴血流入心腔，再次使得心脏和两条动脉同之前那样舒张。因为血液流入心脏的时候要经过之前我们命名为"心耳"的两个囊，因此，"心耳"的运动与心脏恰恰相反，当心脏舒张的时候，"心耳"会收缩。最后，由于有的人不了解数学论证的优势，不习惯于从相似性中提取真正的原理，不去否定没有通过验证的事物，因此，我想要提醒这些人，我刚才所解释的心脏运动，是根据眼见为实的心脏结构推断而来的，是根据我们手指触摸到了心脏的热度而来的，是根据我们所掌握的关于血液的经验而来的，就像是时钟的运转，是根据它的平衡锤和齿轮之间协作的力量、位置还有形状而来的那样。

如果有人发问：血管中的血液为何持续流入心脏而不耗光？血液流过心脏，而后又流入两条动脉，为何这两条血管不会被填充得过满？在此，我不用给出任何答案，因为有位英国医生[1]已经都写过了，应该为这位在心脏方面著书立说、打破冰山的医生鼓掌，他是第一位教导大家血液如此持续循环的人：动脉的尽头分布很多细小的血管，从心脏流出的血液通过这些血管流入静脉，进而又回到心脏。外科医生的日常经验能非常有力地证明，割开手臂上静脉血管的时候，在手臂上方位置不松不紧地绑起来，比起不绑，血液反而会流得多。相反，如果在下方位置，也就是在手与伤口之

---

1　指英国医生威廉·哈维（William Harvey，1578—1657），是首位描述血液循环的医生，著有《心血运动论》（*De Motu Cordis*，1628）。笛卡尔接受他的血液循环解释，但不认可其心脏运动理论。

间绑起来，或者是在上方位置使大力气捆绑起来的话，血就会少流很多。因为，很明显，绷带绑得不够用力，只会阻止已经流入手臂的血液通过血管回流至心脏，而无法阻止从动脉中流出的新的血液，因为动脉是位于静脉之下，并且动脉血管壁比较坚硬，很难被压扁；同样，从心脏流出的、流向手臂的动脉血，比起回流至心脏的静脉血更加有力量；血液既然从手臂上某条静脉血管上割的口子流出，那在这条血管下必定连接着好些血管，也就是从动脉流向手臂末端的那些通道。这位医生同样强有力地证明了血液的流向，在静脉血管的末端分布着好些细小的皮膜，它们不让血液从身体中枢流向静脉血管的末梢，只允许这些末梢血管中的血液流回心脏。此外，通过实验还能证明，如果一条离心脏很近的动脉被切断，那么身体里的血液便会在极短的时间内流光，而且我们也无法想象这些血是从心脏之外的别的地方流出的。

还有其他证据可以表明血液循环的真正原因就是我刚才所说的。首先，我们注意到从静脉流出的血液与从动脉流出的是不一样的，这一不同之处在于：从心脏流出的血液比较稀薄且被气化了，在从心脏流出后，变得更加细腻、更加活跃以及更加有热度，也就是说，动脉中的血液比起静脉中的、进入心脏不久的血液更加细腻、更加活跃以及更加有热度。并且，如果我们仔细观察，将看到这一不同仅仅出现在血液流向心脏的时候，而非在最远离心脏的那些地方。其次，肺动脉和大动脉血管壁的硬度足够证明，血液对动脉血管的冲击比起对静脉血管的冲击更加有力。那么，为什么左心腔和大动脉比起右心腔和肺动脉更大、更宽？难道不是因为肺静脉的血液只通过心脏流进双肺，比起腔静脉的血液，更加稀薄、更加有力和容易膨胀吗？如果不是根据血液属性的变化，医生在搭脉诊断的时候，又如何能判断出因为心脏里的热量而变得稀薄的血液比起未流经心脏的血液更加强劲且流速更快，又或者没那么有力且流速更慢呢？当我们在考察这份热量如何能传递给其他器官时，难道不应该承认，血液通过这样的方式流经心脏，在那里重新变热，并将热量传播到身体各个部位的吗？由此推论，如果我们取走一部分血液，也就取走了人体一部分的热量；即便心脏的热量与一块烙铁差不多，如果心脏停止持续地供应新鲜血液，那就不足以使脚和手变暖。接着，我们同样认识到，呼吸真正的功用在于把足够的新鲜空气带到肺部，让来自心脏右腔的、稀薄的以及转化成蒸汽的血液，在肺部变得浓稠，以及在流入心脏左腔之前，再次转化成为液体，否则血液无法变为火的燃料进行燃烧。可以肯定的是，我们看到有些没有肺的动物只有一个心腔，以及那些还在妈妈肚子里的婴儿，他们无法使用肺，无法通过一个口子让腔静脉的血液流入左心腔，以及无法通过循环，让肺动脉的血液流入大动脉而不经过肺部。消化方面，这一功能在胃里是如何运转的？心脏通过动脉向胃里输送热量，加上一部分流淌的血液，帮助我们消化吃下的肉类。我们能观察到血液可能每天会有那么一两百次通过以及再次通过心脏，那这些肉类的汁液转化为血液会不会不那么容易被我们认识？是否还需要其他东西来解释身体里的营养还有不同的体液如何形成？或者就解释为，血液变得稀薄时形成的力量从心脏推向动脉末端，其中某些因子停留在不同的身体器官中，并且取代了里面的一些因子，将后者挤压出局，根据它们所遇到的毛孔的位置、形状、大小的不同，有的因子能够钻进去，有的则不然，就像是通过筛子来分辨不同的种子。最后，在这点上最应该关注的是"生命气息"（les esprits animaux）的形成，它就像一阵风那样非常难以捉摸，或者像火焰那样非常纯粹和强烈，持续、大量地从心脏上升到大脑中，从大脑中穿过神经到达肌肉，让身体每个部分都活动起来；不必想象是什么其他因素使血液中最活跃、最具有渗透性的部分刚好组成了生命气息，它们只是进入大脑而非身体的其他部分；动脉血管恰恰是连接心脏和大脑最为直接的通道，而根据机械的原理——这与大自然的规律一致——当一些东西想要朝同一方向移动，而那儿没有预留足够的位置时，例如从左心腔流出来的一部分血液流向大脑，其中最虚弱、最不具有活力的部分便只能让位于更加强劲的，独自向前。

在我曾经打算出版的那本书中，其实已经对所有事物做了特别详细的解释。之后，我还在那本书中说明了人类的身体里的肌肉和神经是什么样子，以便生命气息入驻其中，并且有力量让身体各部分活动起来，如此我们便可以看到，被砍下的头颅尽管不再有生命，还可以动弹和啃食地皮；在大脑里产生的某些变化，会引起衰老、睡眠还有做梦；通过感官，那些光线、声音、气味、味道、热度以及其他所有的外界物质的性质是如何在大脑里烙下不同的看法；饥饿、口渴以及内在的其他感受在大脑里又如何传递；这些接收到的感觉形成了共识，记忆将之储存起来，又让幻想将之转变和组成不同的新印象，同样，生命气息还遍布在肌肉中，让身体的每个部分都能以不同的方式动起来，在那方面既有感官的，也有内心情感的，即便没有意志力去引导它，它也能动起来。对于那些了解如何制造自动机器的人而言，这并不奇怪，对比起大量的骨骼、肌肉、神经、动脉、静脉还有每个动物身上的其他部分，人类所制造的机器并不需要运用太多的零件。我们将身体看成是一部机器，是经上帝之手创造而来的，找不到更好的配置，他自身的行为比起人类自己所创造的更加精妙。我在此特意停下来告诉大家，如果有如此精妙的机器，外部形状与猴子或者其他不具有理性的动物一样，我们可能没有任何办法去了解这些机器的本质到底和动物是不是一致。但如果有的机器与我们的身体类似，模仿我们的行为以及在智力上也尽量做到相似，我们会有两种很确定的方法来区分这些机器是否是人类。第一，机器无法使用语言或者使用其他的符号来构建语言，例如我们向其他人表明自己的想法那样。因为，我们完全可以想象，造出来的机器其实可以说一些人话，甚至可以对引起它自身器官变化的某些行为说上两句，例如，如果我们触碰到它身上某个地方，它就会问我们想要它说什么；又或者，我们把它弄痛了，它就会叫，以及诸如此类的事情。但这并不意味着它可以分别处理和回应我们向它发出的指令——尽管这是最愚笨的人都能做到的。第二，虽然机器能够做到某些事情，可能比我们都做得更好，但它们肯定在某些方面存在缺失，通过这点，我们发现它们的行为并非是通过认知，而仅仅是人们对其部件进行了设置。因为，理性是一种万能的工具，能应对所有遇到的问题，而机器的部件只是某些特殊的设置，为应对个别的问题。从理论层面讲，机器不能发挥我们的理性所起的作用，它不可能拥有足够的设置去应对生活中遇到的所有问题。另外，通过这两种方法，我们同样可以认识到人与动物之间的不同。因为，这是一件非常值得关注的事情，即使精神失常的人，即使是迟钝和愚蠢的人都能够运用不同的话语，都可以将这些不同的词句组合成一段话，让其他人能够明白他们的想法。相反，没有任何一种动物——即使这些动物生来就很完美或者幸福——做得到类似的事情。不是因为这些动物缺少某种器官才做不到，我们看到喜鹊和鹦鹉可以像我们那样讲上几个词，然而，它们无法像我们那样说话，也就是说，无法表明它们所说的是它们心里想要表达的。可是，先天聋哑的人，他们丧失了用于说话的器官，和动物差不多，甚至还不如有些动物，但他们按照自身的习惯发明了某些手势，可以与那些平时学习他们的语言的人表达自身的想法。以上这些就能证明动物比起人类，并非只是拥有更少的理性，而是根本没有理性。因为我们都知道，学说话时不需要太多理性的。同样，我们也注意到，同一种动物里不同的个体之间也存在差异，这一点和人类相似，有的动物比起其他动物更容易接受训练，但一只最完美的猴子或者一只最完美的鹦鹉都比不上最笨的孩子，甚至比不上大脑有问题的孩子，如果不是动物的灵魂本质上和我们人类有所不同，这肯定无法让人信服。并且，我们不应该将话语和自然而然地体现情感的动作相混淆，机器可以模仿这些动作，并且做得与动物一样好。我们也不应该像有些古人那样，认为动物是能说话的，只是我们听不懂它们的语言。因为如果这是真的，那它们就有好些与我们相似的器官，也应该可以让我们明白，以及让它们的同类明白自身的想法为何。还有一件非常值得注意的事，即使有的动物在某些行为上表现得比我们更在行，但它们在更多别的方面做不到。因此，它们做得比较好并不能证明它们拥有理性，因为如果有的话，它们将会在所有事情上都做得比我们更好；但它们并没有这份理性，是大自然根据它们器官的配置，在它们身上有所作为。就像是我们看到一座时钟，由齿轮和发条组成，即使我们再谨慎，也不如它指示钟点、计算时间来得精准。

接着，我还在书里描述了理性的灵魂，让大家看到，理性不会是来自物质的能量，就像是我之前所说的那些事物那样，但是可以描述为：它是被创造出来的。理性就像住在船舱里的领航员那样进驻于人的身体里，但这并不足够，为了引领身体的各部分活跃起来，理性需要与身体紧密结合并且团结，才能构成一个真正的人。剩下的时间，我再稍微扩充讲讲"灵魂"这个话题，因为灵魂是最为重要的；有人否定上帝的存在，这一错误我在前面已经反驳过了，除此之外，还有一处错误让不够健全的灵魂远离道德的正道，就是认为动物的灵魂与我们人类的灵魂本质相同，这会导致我们在此生既不害怕也没有任何期望，如同苍蝇和蚂蚁那样。如果我们认识到这两者是不同的，就能更好地理解我们的灵魂本质上完全独立于我们的身体，因此，灵魂与身体不同，它不受死亡约束，尤其是我们也看不到其他能摧毁灵魂的原因，我们从中自然而然地得出结论，那就是灵魂永存。

# 第六部分

三年前，在我临近写完包含上述所有内容的那本书时，我开始重新阅读修订以便拿去印刷出版，就在那个时候，我得知我所尊重和听从的一些人反对新近出版的一本书[1]中的物理学观点，提出反对的这些人是我为人处世的标杆，如同我自身的理性对我的思想产生影响那样。但我并不赞同他们的想法。在他们审查这一物理学观点之前，我完全没有在意，也没有想到这对宗教、国家有害，因此，经过理性思考，我把这一物理学观点写进了书中，这件事情让我害怕，即使我一直以来非常谨慎，也可能同样存在错误，如果不是我非常确定地论证过的新观点，以及可能对某人不利的观

---

1　指意大利科学家伽利略的《关于托勒密和哥白尼两大世界体系的对话》，1632 年出版后引起争议，1633 年被教廷列为禁书。笛卡尔关于此事的更多评论，可见本书附录中笛卡尔致梅森的书信（1634 年 4 月）。

点，我都是不会写入书中的。这足以让我改变之前想要将这本书出版的决定了。因为，即使我持有的论据非常有力，但我并不喜欢，甚至一直是厌恶写作这门职业，这让我找到足够的理由为自己开脱。这样或者那样的理由，我现在有兴致给大家说一说，或许你们也有兴趣了解。

对于我心灵产生的想法，我从来没有太过在意。在我使用这套方法得到的其他成果里，我对处理思辨类学科的某些难题得来的成果感到满意，还有就是我努力用这套方法教给我的道理来规范自己的行为准则，并没有想过要写出来给大家看。因为，在行为准则方面，每个人都有自己独到的见解，如果每个人都像上帝为自己的子民所做的，成为一代君王，或者恩赐每个人都成为先知，那这世上会出现很多改革家了，最终却什么也改变不了。虽然我所作的思辨让自己感到非常满足，但我相信其他人在这方面也做出了成果，或许会令他们感到更加满意。当我在物理学方面掌握了一些普遍的基本概念，开始将它们带到不同的难题中进行考证的时候，我意识到这些基本概念可以引导我们走向何处，它们与我们现在所采用的基本原理相差甚远，我认为若将这个事情隐藏不说，那就完全违反了现行法律，即我们应该尽可能地为全人类谋福祉。因为这些基本概念在我看来，能够让我们获取真知，这对我们的生活异常有用。与其在学校里面学习老师教授的那些思辨哲学的课程，还不如搞点实际的东西，通过实践，认识到火、水、空气、天体、星空以及我们周围的其他物质的力量和作用，同样也清楚地了解工匠从事的不同职业是什么。我们可以用同样的方式将这些所知应用到各行各业，这样，我们就可以成为大自然的主人和拥有者了。这样做不仅仅是希望人们能进行无穷尽的创造，让大家可以毫无困难地享受地球的资源以及大自然的所有益处，更重要的是还可以维持健康，而身体健康可能是人生所有财富中首要的、最为基础的财富。因为人的精神很大程度上依赖于脾性以及身体器官的健康状况，如果说能找到某种办法让人变得更加智慧和能干，更胜于当下的话，我觉得我们可以在医学中找到。但真实状况是，在当下广泛应用的医学领域里，包含如此有用方式的非常稀少。但我并没有想轻视这门学科，可以肯定的是，每个人——即使是专业医生——都承认我们所知的比起尚待知晓的几乎为零。如果我们足够了解各种疾病还有衰老的原因，了解大自然向我们提供的一切治疗药方，那么我们就可以避免身体上的、精神上的无穷无尽的疾病还有衰老。此外，我计划终其一生研究这门如此重要的科学，走上了在我看来肯定可以找到一切问题的出路，或者因为生命太过短暂，又或者是经验不够，我们在此路上受阻，但我可以下判断：除了诚实地与公众交流我那丁点的收获、除了鼓励更加明智之人在这条路上走得更远，不存在更好的办法来解决这两方面的阻碍了，每个人根据他的爱好与能力，贡献出自身的经验，告诉大家他们所学到的一切东西，以便后来者在前人所做的基础上继续添砖加瓦，将无数的生命与成果汇积起来，比起个体所能做到的，我们群策群力，会走得更远。

同时我也注意到，在实验方面，我们的知识越往前就越需要实验。在一开始的时候，最好只采用那些触手可及的观察，我们常常对此熟视无睹、不加思考，但不要花时间在那些罕见而有争议的实验。这么做的原因是，我们对这些罕见实验最平常的原因一无所知，它们常常使人上当，并且它们所依存的条件非常特殊和琐细，很难被一一识别。在这方面，我采取的步骤如下：首先，我通常试图找出这世上一切存在的事物或可能存在的事物的本源，或者占据首位的起因，不考虑别的，只认为这世界是由唯一的上帝创造出来的，只去发掘自然而然扎根在我们灵魂中的真理种子，而不去别的地方寻找；接着，我便审视哪些是可以从这些起因中推断出的最首要、最平常的结果。似乎通过这一方式，我已经发现天宇、星星、地球甚至是地球上的水、空气、火、矿物质和一些其他类似的东西，这些都是最普通、最简单的东西，因此也最容易认识。接着，当我想要顺着往下推理出一些更特殊的东西时，摆在我面前的却是各式各样的东西，我并不认为人类的思想可以把地球上现存的所有物种的种类和形式与上帝意志创造的、其他可能已经在地球上出现的无穷尽的东西区分开来。因此，如果不从结果回溯到原因，如果不是依凭好些个人经验，我们无法区分哪些东西是上帝创造出来供我们使用的。在这之后，我重新思考、核实曾经出现在我感官中的一切物体，我敢说，我觉察到的事物没有一样不能用我曾发现的原理来解释。然而我也应该坦诚，大自然的力量是如此宏伟、宽广，世界的本源如此易懂、普遍，让我几乎得不到从它们那里推演出的任何特殊的结果。首先我认为，可以从不同的方式推出特殊的结果，而我遇到的最大困难就是找出这一结果到底依靠哪种方式。在这点上，除了再次安排实验，看导致结果产生的是这样还是那样的方式外，我也没有其他适当的办法了。剩下就是我正在进行的，是我自认为已经想到的可以从哪个角度找出产生这一结果的大部分实验。但是，我发现这些实验数量如此庞大，以至于只靠我的双手无法做到，而我的收入也无法承担，即使再多上一千倍，甚至更多，也不足以找出所有。从今往后，根据我所拥有的便利条件的多少，在对大自然的认知方面，我就将前进多少。这就是我打算让大家从我所写的书中认识到的，就是我打算在书中清晰地指出、让大家可以从中受益的事物，所以我要求那些想给人类谋福祉的人——也就是真正有德行、不虚伪、不空想的人——与我交流他们已经做过的实验，并帮助我在未知的领域中进行研究。

可从那一刻开始，又有了别的理由使我改变先前的想法。随着逐步发现的真理，我想应该继续写出一切自认为重要的东西，并且要小心翼翼，就像要将这些想法集结成书出版一样，这样就有更多机会去将这些结论好好审视一番，因为比起留给自己看的，我们会更细致地检查会让更多人看到的东西。当我开始在头脑中设想这些事物时，它们看起来是真实的，但当我想要将之写进书里时、当我不想失去任何可以让公众得益的机会时，它们又显得不真实了。如果我能力足够，而且我的书还有某些价值的话，在我死后，对那些能运用（我的成果）的读者而言就大为方便、及时了。但是，我绝不同意在我活着的时候出版这些书稿，以免成为反对、争论的靶子，也避免人们给予我名誉，不让他们有任何机会来浪费我打算用于学习的时间。尽管每个人的确都应该尽力为他人谋福祉，对他人毫无贡献的确就是自身无用的一种体现，那我们也应该把目光放得长远些，不只看当下，最好是不计较那些在当下可以为活人带来的益处，而计划做些其他的、可以为我们的子孙后代带来益处的事情。事实上，我想要大家知道，迄今为止我所学到的只是很少的一点，无法与我所未知的相比，但我并不绝望，我还能继续学习。逐步在学科领域中发现真理的人，和那些开始变得富有的人相似，他们不费太大力气就能有很丰厚的收获，而在此之前，也就是仍处于贫乏阶段的时候，他们费尽力气却收获不丰。或者，我们可以将寻求真理的人比作军队将领，军队的实力通常随着胜利而得以提升，吃了败仗后要花更多的力气去维持军心，而胜利后的攻城掠地就轻松得多。努力克服所有的困难和错误确实就如同打仗那般，这些困难和错误妨碍我们认识真理，在涉及比较普遍和重要的问题上，只要出了一点错就像吃了败仗，得花费大量的力气才能收复失地，回到原有的状态中去。而当我们已经有了可靠的积累之后，不需要耗费太多力气便会有极大的进步。对我而言，如果我之前已经在学科领域中认识到一些真理（我希望这本书中所包含的内容能让大家看到我已经认识到的一些真理），可以说，这只不过是我克服了五六个主要难关的结果和附属品，如同幸运地打赢了五六场战役。甚至，我不怕告诉大家，我认为只需要再赢得另外两三场相似的战役，就可以完全地实现我的计划。根据常理，我的年纪不算太长，还有足够的时间来达到这一目标。然而，我认为自己不得不谨慎安排余生，这样更有希望将这些时间好好利用起来。如果要出版物理学原理这本书，我可能会失去好些时间。因为，尽管这些物理原理都十分明确，只需要讲给大家听、让大家相信就可以了，不需要我给出论证的过程。然而，因为这些原理无法与其他人持有的不同意见统一起来，我预料到这书会时常引来他们的反对意见，这会导致我分心。

当然可以说，这些反对意见还是有用的，可以让我认识到自身的缺点，如果我还有些优点，那么通过反驳也可以让他人对优点认识得更深刻。因为，众人比起个人能了解得更多，从那时开始，他们的想法为我所用，也帮助了我。然而，即使我重新认识到自己很容易出错，也几乎从来不相信脑海中浮现的初步想法。我对其他人的反对意见还是有经验的，即不要期望从中得到什么益处：因为我曾经多次受到批评，有的批评来自被我当作朋友的人，有的来自不相干的人，还有的来自我所知的怀有恶意的人，后者提出了我朋友偏袒我而想要隐藏的问题。然而，人们提出的反对意见如果不是离题太远，我几乎都预料到了。因此，我几乎没有遇到其他人批判我的观点，比起自我批判来得更严格、更公正。我也从来没有看到，通过经院中实施的哪种争论方式，我们可以发现之前没有发现的真理。每个人都试图在争论中获胜，大家一直在做的是对看似真理的事物进行吹捧，而非对正反两方所提出的理由进行考量。那些长期充当好律师的人，并不能在这之后成为好法官。

其他人可以从与我的思想交流之中获得益处，但这一益处不太大，因为我还没有将这些想法引导至更远处，在将这些想法付诸实践之前，还需要补充很多的东西。我希望能够不自夸地说，如果有人具备这样的能力，那么这人只能是我，而非别人：不是说这世界上不存在比我更聪明的人，我并非是无与伦比的，而是因为，如果我们去学习、接受一种想法，学习别人的思路，并将之变成自己的，还不如自己去创造。这方面的经验千真万确，我曾经反复向一些具有聪明才智的人解释我的想法，在和他们讲述时，我感到他们似乎理解得非常清楚，但当他们把我的观点复述出来时，我注意到他们总是进行篡改，因此我再也无法承认这是我的想法了。趁此机会，我想请后人注意，不要相信那些不是我自己公开发表的观点，不要相信其他人所复述的观点是来自我的。对于那些强加在没有留下著作的古代哲人身上的奇异想法，我不感到任何惊讶了，我并不会因此认为他们的想法完全是不理性的，因为他们是当时最智慧的人了，只不过后人没有如实转述。我们还看到，几乎没有任何教徒超越了他们。我肯定，他们中那些最富有激情、现在仍旧跟随着亚里士多德的人，如果他们对大自然的了解和亚里士多德一样多，尽管再也无法获得更多的认知，他们也自以为幸福了。这样的人就像爬山虎一样，而爬山虎无法爬得比支撑它的藤蔓更高，经常在爬到顶端时只能往下拉。在我看来，这类人也在走下坡路，也就是说，如果他们放弃学习，那就会逆水行舟，不进则退，变得还不如另外一些人：后者不满足于在书中读到的难解之事，还希望在这以外找到解决这些难题的方案，这些难题是书中未曾讲到，著书之人或许也从来没有想到的。进行哲学思考的前一种方式非常适合那些资质平庸的人，因为他们对所引用的那些判断和原理都不清不楚，导致他们能非常轻率地谈论他们所知的任何事物，还能为他们所说的进行辩论，反对最为灵巧和最为灵活的观点，但大家却找不到什么办法来说服他们。在这点上，我觉得他们就像瞎子，为了和有视力的人打架时不吃亏，就把别人拉到非常昏暗的某个地窖深处去。我可以说，我不发表我所应用的那些哲学原理，对这些人而言是有利的。因为，这些原理本身就非常简单明了，我一旦将之发表，就如同开了几扇窗，将光线引入了他们走下去与别人打架的地窖。然而，即使最聪明的人也不用期盼去认识这些原理：如果那些聪明人希望能畅谈天下事，赢得博学的声誉，那他们满足于谈论貌似真实的道理就行，不用费很大劲儿就能在各种题材中找到这些道理，比起在某些对象中一点一点寻找真理容易多了，当我们谈论其他事物时，真理要求我们坦诚自身的无知。如果他们想要认识一点点真理，而不希望表现出自己的无知——了解一点点真理也是好的——如果他们还希望按照我的计划那样做，那就去看看我在这篇文章里讲的内容，不必我再多讲些什么了。因为，如果他们有能力超出我所做的研究，那么，他们靠自己便能发现我认为已经发现的原理。我的研究向来循序渐进，那些尚待发现的比起已经发现的，肯定是更为艰难、更加隐秘，比起在我这里学习，他们更乐意靠自己去发掘。此外，他们还养成了一个习惯，凡事从最为简单的事情入手，逐步过渡到困难的问题上去，这比起所有我能教给他们的，更能让他们获益。拿我自己来说，我认为，如果在年幼的时候，人们就教导我一切后来我在推论中不断寻找的真理，如果我不费什么力气就学习到这些真理的话，那么或许我就不会知道其他的真理，至少，当我专注于寻求其他新的真理的时候，我就不会那么有经验地、轻易地探求到我想要发掘的。总之，如果这个世界上存在一项工作只能由同一个人完成，而非其他人，那么，这就是我现在所做的。

　　确实，做这项工作需要进行多次实验，单靠一个人是不足以完成的。因此，除了自己动手，还可以聘用其他人，一起干会比较有效，特别是那些手工业者或者雇佣一批人——他们愿意接收报酬（这是一个非常有效的方式）——让他们准时地完成布置给他们的任务。也有一些自愿帮忙的人，他们会好奇或者也想学习点东西，这或许也能有所帮助，但通常而言，他们承诺的比做的多，只会给出一些漂亮的建议，实际上根本做不到，其实他们想要达到的目的是可以解释一些难题，或者至少可以说几句客套话和空话，但这样会浪费不少时间。至于别人已经做过的实验，即便他想讲出来，但如果被称作是秘密的皆不会透露给他，对于大部分实验而言，都是由多种环境因素或者浮于表面的要素组成，他很难从中剖析出什么真理。此外，他还会发现这里面的解释非常糟糕，甚至是错误的，因为那些做实验的人努力让结果看起来符合他们所述的原理，如果说其中有些实验对他而言还是有用的，他也需要耗费时间去重新筛选。因此，如果这个世界上存在那么一个人，我们肯定他能为大家探求到最重要、最有用的真理，仅为这个原因，其他所有人会努力通过各种方式来帮助他完成这一计划，我认为，向他提供他所需要的用于实验的经费就可以了，无需其他，接下来就是任何人都不要去打扰他工作。但我还达不到像设想的这个人那样，也不想承诺能作出超乎寻常的贡献，更不会满足于任何空想，认为公众应该会对我的项目非常感兴趣，我的灵魂没有如此的低下，但我也不想接受任何与我不相称的优待。

以上这一切思考合在一起，便成为三年来我不想出版手头那部书的原因，甚至成为我下决心在有生之年不出版任何著作的原因，也不让其他人听到我的物理学原理这本书。但是，后来又有两条别的理由让我不得不再次放出几篇文稿，让公众对我的行为和计划有所了解。第一个原因是，好些人一早就知道我有出版几本书的计划，如果我不这样做，他们就会认为这里面存在什么对我不利的原因：即使我不想名满天下，甚至——如果我敢这样说的话——我讨厌出名，我认为名誉太大会打扰到我平静的生活（这在我看来高于一切），但同时，我也从来没有像隐藏犯罪那样去试图隐瞒我的行为，更没有采取什么预防措施让大家对我一无所知。这完全是因为我不想让自己犯错，而不是因为这样做会导致某种担忧——它或许会打扰到我所追求的精神上的宁静。因为一直以来，我对出不出名都无所谓，但我也没去阻止自己获得名誉，我认为应该尽力做到最好，至少不留下恶名。另一个迫使我写这本书的原因是，由于我需要做多个实验，并且在没有他人的帮助下我不可能完成，而我的自学计划一天天地推迟。虽然我不敢期盼众人大力参与到我的计划中来，但我也不希望自己对这些主题有所懈怠，让那些追随我的人日后对我加以批判，我本应该留给他们更好的东西，却没有做到，因为我没想让他们了解怎样才能对我的计划有所帮助。

我认为选择一些主题进行研究倒不难，应该避开饱受争论的主题，也不需要违背自己的意愿去宣告自己发现的原理，就能让别人很清楚地看出我能够做什么、不能做什么。这件事情我是不是做得成功，我没法说，不想自己评论自己的著作，去预防别人的评价。我很乐意大家来检验它，为了大家有更多的机会来检验，我恳求所有对此书持有某些反对意见的人，不辞劳苦地将这些意见寄到我的出版商那里，我得知这些意见后，会立刻尽量将回复附加在新版书中。通过这一方式，读者能完整地看到双方的观点，更容易去判断真伪了。我并不会在书中附上冗长的回复，如果我认识到自己的错误，只会非常坦诚地承认这些错误，如果我还是没看出来有什么问题，就会简单地附上些必要的话，用以维护自己的观点，而不会添加新的材料用于解释，以免让自己陷入无休止的争论当中。

在《屈光学》《气象学》的开头谈及的一些观点会让读者惊讶，因为，首先我将之命名为假设，其次我并不想对这些假设加以证明，读者得仔细耐心地读完全文，我认为他们最终将感到满意。因为在我看来，书中的前后内容都是相互交替出现的，后面的结果可以论证前面出现的原因，反之亦然。大家不要认为我在此犯了逻辑学家所称的循环论证的错误。因为，实验让人对绝大部分的结果确信无疑，而我从结果中推论出来的原因，并非用于论证这些结果，而是用于解释它们。事实上，结果反倒证实了原因。我将这些结果称为假设，是为了让大家明白，我能从前面讲过的那些原理中把这些结果推演出来。然而我并没有这样做，这是为了防止有些人，他们自以为听我说上两三个词，就可以在一天之内学到别人花了二十年时间才研究出的东西。他们更加容易犯错，没什么能力探求真理，性子又太过急躁，我若发表了其中的推理，他们就可能在误解了我所说的原理的基础上，建立某些荒谬的哲学，以至于大家还将错误归结于我。至于我自己的那些观点，我承认是新的，也不为此辩解，因为如果大家将这些理由看明白了，我肯定大家会觉得它们是如此的简单和符合常识，在同样的主题上，与其他人持有的观点来比，并不奇特或者奇怪。我不会自我吹嘘自己是第一个发现这些观点的人，但我没有从任何人那里学到这些观点，这不是因为别人告诉过我，或者别人没这么说，只是因为理性说服了我。

即使工匠无法立刻把《屈光学》里的发明付诸实践，我认为也不能说这些发明很糟糕。因为需要一些技巧和经验才能制造和调试出我所描述的那些机械，而不忽视每个细节。如果一开始他们就能做好，我反倒觉得惊讶，就像有人一天之内仅凭我们给他的一份好琴谱就能将琴弹奏得非常棒，大家也会觉得惊讶。我采用本国语言法语写作，而非我导师使用的拉丁语写作，是因为我想让那些只运用天然的、纯粹的理性之人来更好地评判我的想法，他们胜过那些只相信古书的人。至于那些将理性和学识结合起来的人，是我一心想要寻找的评判者，我肯定，他们将不会如此偏爱拉丁文，而以我使用世俗语言写作为由，拒绝了解我所讲的道理。

最后，我不想在此特意谈论希望将来在学科领域中作出什么样的进步，也不想向公众承诺我不确定能否完成的事情。我只能说，我决心利用余生去努力学习关于大自然的某些知识，而非其他的，我们可以从这些知识中提取规则用于医学领域，这比起我们现今所用的要更加切实可靠。我的偏好让我对其他计划完全不感兴趣，主要是不会去做对一部分人有利、而对其他人有害的事情，如果在某些情况下必须这么做，我也不认为自己会成功。关于这点，我在此声明，我知道本书不会让我在这世上声名大噪，我也无心如此。我将一直衷心感谢那些让我享受闲暇快乐的人，而不期望有人来给我高官厚禄。

# 笛卡尔早期书信选 [1]

---

1　本书特别收录了笛卡尔于《谈谈方法》写作时期与师友的通信，让读者更好地理解该书的写作背景和创作意图。

# 笛卡尔致梅森 [1]（1630 年 4 月 15 日）

　　3月14日由您署名的信件，依我看就是那封您说让您感到为难的信件，在约十天或十二天之后，终于寄到我家。但受您派遣，我得离家出行，并且离上次给您写信的时间仅八天，于是我将给您回信的日期推迟到现在，在这期间，我还收到您在4月4日给我写的信。请您相信，对您为我所做的一切，我感激涕零，这些事情数不胜数，其中的每一件都让我对您满怀谢意。另外我向您保证，我会尽全力达到您对我的要求。以及即使您不提，我也会告诉您我去了哪里。我还想请您不要听信其他人的观点，我已有计划将自己的想法写出

---

1　马兰·梅森（Marin Mersenne，1588—1648），17世纪上半叶法国最重要的知识分子之一，数学家、哲学家。他少时毕业于耶稣会学校，是笛卡尔的前辈，也与欧洲同时代的学者（如霍布斯、帕斯卡尔、伽利略、费马等）保持密切通信。数学上的"梅森素数"就是为了纪念他而命名的。

来，并加以详述。我向您保证，以前不曾表露过有此计划，是因为我从来没有下定决心（要这样做），而不是其他人所认为的：我无法走到这一计划的终点。我也并非如大家所想的那么不讲道理，看到别人持有好的观点就觉得不舒服；但我更加希望大家不这样想。荣誉对我而言，忧虑大于渴望，并且我认为荣誉通常会以某种方式减少人们获得的自由和闲暇，而这两者是我完全拥有且非常看重的，这世上任何君王都不可能有钱到可以从我这里将这两者全部买断。这一切都无法阻止我完成已经动笔的这本小论文 [1] 的写作，但我不想让其他人知晓，其目的在于可随时取消这一写作计划。还有，我工作的进展实在缓慢，因为我更多地沉浸在自学之中，而不是为了将我贫瘠的认知写下来。现如今，我同时在研究化学和解剖学，每天都学有所获，但并非是要将这些知识装订成册。我很想能够一直往前，直至投身到针对世上某些疾病及其药方的研究之中，其目的在于找到某人来医治您患的丹毒，我很懊恼让您那么久以来饱受其折磨。其次，我花时间逐步让自己提高，从来不是为了把学到的知识写进我的论文——除了迫于压力的情况下，而是为了完成我曾经的

---

1    这本书或许指《论世界，或论光》。

诺言，如果1633年初我仍旧在世，定将此书寄送给您。我向您定下这个时间点是为了让自己工作得快些，如果没有完成，您可以责备我。还有，您会惊讶于我讲了这么多，却只为了写一小篇论文，而我能想象到的是，大家只用了一下午就把这篇论文读完了。然而，这篇文章我花了很多心思，我认为这比起从关于人生行为准则的论文里学到的那些东西更加重要，这并不是自娱自乐式地出版我学到的、拥有的贫瘠的认知。如果您对我在巴黎期间开始撰写的这些论文感到奇怪，我在此告知您原委：在巴黎工作期间，我获得了些许进步，学到的比之前要多，我想要对此梳理，希望开展一个新的计划。比一开始所想的更大，就像是如果有人修建一栋房屋作为自己的住所，但后来他获得了之前未曾期望的财富，且自身的生活状况得以提高，于是强烈地认为他一开始所建的房屋对他而言太小了，当我们看到这人重新建造另一间更加匹配他的财力的住所时，我们不会责备他。然而，我将不会修改我的计划，因为无论我是否获得新知，当下所拥有的正是可为我所用的，我没有学到更多了，我毫不保留地到达了终点。[……]

[……] 对于您提到的神学的问题，同样也超出了我的思维能力，但这一问题似乎在我的专业领域内，因为它没

有涉及启示的问题，我将后者命名为"神学"。然而确切地说，这一问题是形而上学这一领域的，应该运用人类理性来进行研究。我认为，既然上帝赋予所有人以理性，那么，我们尤其应该使用这一理性并尽力去了解它，以及了解我们自己。正是因此，我努力开展研究。我想告诉您，过去我想通过这条路径寻找物理学的基础。然而，我研究得最多的却是物质，感谢上帝，我并没有满足于此，我认为自己至少已经找到了能够使用比几何学论证更加明确的方式，去验明形而上学真理。这是根据我的判断而论的，因为我不知道自己是否能够使其他人信服。我来到这个国家[1]的前九个月里，只专注于此（我没干别的任何事）[2]。我相信您之前已经听说过我计划写点什么，但我并没有这样做，除非我看到自己的物理学在一开始的时候就被他人认可。如果您提及的这本书[3]写得非常好，能够落到我的手里——其他人对此向您做出的报告是真的，它探讨的主题非常危险，甚至是我认为非

---

1　指荷兰。

2　这一论著开始写于1628年（巴黎），是关于物理学的。

3　笛卡尔在与梅森的通信中，好几次提及的这部作品可能是《论世界》。可能这部作品只付印了30份，或许是偷偷印刷的，兄弟会修士似乎持有其中一份手抄本。

常错误的题材——那我认为应该做出回应。我并没有克制住在物理学作品中不去谈论形而上学问题，特别是以下这个问题：数学的真理，即您所谓的永恒的真理，是由上帝创建的，并完全独立于任何其他创造物，这到底是什么？事实上，谈论上帝就如同谈论朱庇特或者农神那样，迫使他服从斯塔克提以及命运，并且告诉大家，真理是独立于他而存在的。请您不要担心，请您相信，上帝在自然界建立了律法，就如同国王在自己统领的国度建立了法律，请将这个观点宣扬到世界每一个角落。如果我们展开思考，那就没有什么特别难以理解的地方，这些律法在我们的思想里生长出来，如同国王——如果他同样具备如此的权力——将他的法律印刻在他的臣民心中那样。反过来，我们认识到上帝是伟大的，但我们不能理解上帝的伟大。这让我们对上帝更为尊敬，就像是当臣民对自己的国王不太熟悉的时候，国王就会显得更加威严肃穆，但前提是臣民认为自己与国王同在，并对此毫不怀疑。有人告诉您，上帝建立了真理，并且可以改变它们，就像只要国王希望，就能修改自己所制定的法律那样，而我们对此只能回答"是"。我将上帝的律法看作是永恒的、不变的，我甚至将之视作上帝本身。他的意志是自由的，不受任何限制的。——是的，他的权力真是不可思议，一般来说，我们可以确定的是，上帝可以做一切我们能够理解的事情，也能做我们无法理解的事情。认为我们的想象力可与上帝的能力相当，这一想法实在是轻率冒失。我希望在接下来的两周内，尽快把这些想法写进我的物理学中，您不用保守这个秘密，相反，在可以进行陈述的场合，请您告诉大家，只是请您不要说出我的名字。因为这样能让我轻松自在地了解别人反对我的观点为何，以及，我会很高兴看到世人习惯于更加庄重地谈论上帝，而非稀松平常地谈论上帝——在我看来，他们把上帝想象成有限的。

# 笛卡尔致梅森（1630 年 5 月 6 日）

　　谢谢您告诉我伽桑狄先生 [1] 对我的褒奖。至于那本毫无价值的书，请您不要寄给我了，因为我现在被委派了其他任务，我觉得已经来不及去执行先前信中告诉您的、另外一次远行的计划了，如果这是一本好书，且这书能落入我手，我会尽力对书中所讲的内容做一些回应。还有就是，我觉得这本书的印量只有35册，如果是本好书的话，书商会做第二次印刷，大量卖给那些好奇的读者，当然就会引发一番辩论。我曾幻想着找到一个可以阻止这一切的办法，比起维护正义的办法更加行之有效，但如果这样做，书商就会转入地下，偷偷进行印刷，在每一节或每一章后，加上一些与原书观点

---

1　　皮埃尔·伽桑狄（Pierre Gassendi，1592—1655），法国科学家、数学家、哲学家、天文学家，同时也是一名传教士。他反对经院哲学，试图将伊壁鸠鲁主义的原子论整合进基督教学说中，代表作有《伊壁鸠鲁哲学汇编》《对笛卡尔〈沉思〉的诘难》等。

完全相悖的理据，揭露这本书的错误。我认为，如果这本书带着作者的回应进行公开销售，那么这些印刷商就不会再偷偷销售无作者回应的印本，那么，大家也就不会学到错误的学说还觉得豁然开朗。与其单独回应那些偷印书中的错误观点还产生不了太大效果，不如让每个人都能读到自己喜欢的书，这与有些人的做法不同，他们阅读那些很糟糕的书，并以驳斥里面的观点为乐。我肯定，您会对我说，这是要看看我是否能够反驳作者列举的理据。对此我没什么好回应的，唯有尽自己一切所能，在书中提出让人信服的理据——这与您曾经提出的观点相反——我希望这些理据同样可以说服其他人，从平凡人口中说出来的真理应该比谎言更加有力，世上最聪明的人是否能理解呢？

至于那些永恒的真理，我再说一遍，只要上帝知道它们是真实的或者可能的，那么它们就是真实的或可能的，相反，如果上帝不知道它们是真实的，那么它们就是独立于上帝的真实。如果人们能很好地理解他们自己所说的话的意思，那他们就不会冒犯地说，事物的真理是先于上帝对此的认知的，因为在上帝那里，意愿和认知是同一个东西，以这样的方式来看，上帝希望发生某件事情，即是他知道了这一事情——这才是真实的。因此，不应该说，即使上帝不存在，这些事情也会是真的。因为上帝的存在是所有的真理存在首要的、也是永恒的原因，先于一切其他事物。然而，最容易造成误解的，是绝大多数人不将上帝，也就是一切事物所依赖的创造者，看作是无限的、无法被理解的存在；人们仅停留在呼唤上帝名字（Dieu），认为这就足以认识上帝了；同样，拉丁语中也是同一个单词"神"（Deus），他被世人所爱。那些思想境界不高的人，很容易就转变成为无神论者；而那些完全理解数学真理、却不理解上帝存在的人，如果他们不相信真理依存于上帝，那也就不足为奇了。相反，人们应该可以判定，上帝是因，他的权力超越一切人类的理解极限，这些真理存在的必要性不超过我们的认知，它们是最微小的东西，并隶属于这个无法理解的至高力量（即上帝）。在我看来，您所说的Verbe（圣言）与我所说的并不相抵触，但我不想参与到神学讨论中，我甚至害怕您觉得我的哲学思想太过自由，不应该对如此崇高的主题发表见解。

# 笛卡尔致梅森（1630年5月27日）

1.您问我上帝建立永恒真理的原因是什么。我的回答是，和他创造万物是出于同样的原因，即动力因和目的因。因为可以确定的是，上帝是创造物的本质及其存在的创造者：这一本质并非他物，就是永恒的真理，我相信它来自上帝，就如同太阳发出光芒那样。我知道上帝是一切事物的创造者，而真理是其中的一部分，因此，上帝就是真理的创造者。我说我知道，并非指我体会到，也不是指我理解到，因为大家都知道上帝是无限的、全能的，而我们有限的灵魂是无法理解、无法体会到上帝的；同样，我们可以用自己的双手触及一座山，但无法像拥抱一棵树那样去拥抱这座山，或者是拥抱其他任何超出我们手臂长度的东西——理解，意味着思想上的领悟，但是认识一个东西，只需要在思想上触及这个东西就可以了。您还问我，上帝需要什么来创造这些真理？我的回答是，就像不去创造这个世界，上帝同样可以自由地不让圆周到中心的直线相等。可以肯定的是，这些真理并不必然与其本质及其创造物相关联。您问我，上帝拿什么来创造它们？我的回答是，因为上帝在永恒中意欲和理解它们，于是创造了它们，或者是（如果您将"已创造"一词仅归于事物的存在）上帝建立并创造了它们。因为在上帝那里，意欲、理解和创造是同一回事，这三者之间即使起因有区分，也不存在谁先于谁。

2.至于将人永远地罚入地狱是否符合上帝的善，这一问题属于神学。因此，请允许我不回答此问题。这并非因为不信教之人在这一问题上持有强有力的理据——在我看来，这些理据是站不住脚和可笑的，而是因为，我坚定地认为这样做会损害依存于信仰的真理，后者只能通过自然而然的方式来加以证明，而非通过人类的理性将之稳固。

3.关于"上帝的自由"的问题，我完全同意您信里提到的吉比别神父[1]所解释的观点。我还不知道他已经针对这个主题出版了相关书籍，我将尽力争取第一时间买他在巴黎出

---

1　纪尧姆·吉比别（Guillaume Gibbieu，约1591—1650），在《论神与人的自由》（*De libertate Dei et hominis*）一书中讨论过自由问题。

版的这本论著来读，非常高兴我的观点和他的观点相一致，因为这至少可以给予我肯定，也就是我的想法没那么怪异，能够得到世上如此睿智之人的肯定。

您信中第4、5、6、8、9还有最后几点内容都是与神学相关，这也就是我保持沉默的原因，请允许我不予回应。

至于第7点谈及母亲的想象力会印在孩子身上并有所表现等，我承认这事值得研究，但对自己的想法还不甚满意。

关于第10点，您猜测上帝率领万物走向完美，没有任何事物会消失，您接着问，什么是野兽的完美，它们的灵魂在死后会变成什么样？这个问题在我的研究范围内，我回答如下：上帝率领万物走向完美，是指集体地，而非个体地。也正是因此，个体会走向死亡，而有新事物在旧事物逝去的地方重生，这是宇宙完美准则的其中之一。至于它们的灵魂、外形、品质，这些最终会变成什么，都不会对您造成困扰，我将在我的书中一一解释，希望您能够清楚地明白，并且不会有人再对此抱有疑问。

# 笛卡尔致梅森（1634 年 4 月）

　　从您的信中发现，虽然我一直认为您应该已经收到我最近寄给您的信，但实际上，这些信寄丢了。我在此和您说说，一直以来妨碍我寄给您我的书的原因，我相信您会认为这个原因是合情合理的，您责备我决心不让任何人看到这书，但恰恰相反，如果我无法让自己鼓起勇气，那么您就是第一个让我鼓起勇气的人。您可能知道，伽利略最近被宗教裁判所的法官定罪，他关于地球运转的观点被判为异端。我和您说，我书中阐释的事情中也包含了他那个地球运转的观点，这些论证一环扣一环，若能证明其中一个是错误的，那就能说明我所做的所有论证都是错误的。虽然我觉得这些结论都是建立在坚实的、多次研究的论据上，但我还是不希望为这世上任何东西去维护这些结论，与教会权威对抗。我知道人们可能会说，罗马宗教裁判所的法官做出的判决，并不立即成为信仰的条款，而是先要在主教会议上通过。并且，我对自己的观点没有那么自恋，只是想要拿这些特殊的例子，作为支撑自己观点的一种方式。我希望平静地生活，继续我已经开始的人生，以下是我的座右铭：隐藏得好的人过得好。我最希望过的生活是，通过写作获得比自己所希望的更多的知识，且能从中摆脱心中的恐惧，在写作中，我不会因为时光的流逝而感到愤怒，也不会因为遭受的痛苦而感到忧伤。

至于您的乐师拿来否定和音比例的理据，我认为非常荒谬，在此我不想做任何回应。如果说我们的耳朵无法分辨八度音和大三度音，就像是说建筑所规定的关于柱子的比例是没有用处的，因为这些比例没有让人从视觉上看起来很漂亮，还因为缺少千分之一的精确性。还有，如果梅森先生还想继续体验一下的话，他应该能很好地证明，在大半音和小半音之间，在听觉上就存在着明显不同。因为，有一次我让乐师注意到这个不同，在此之后，他说没办法再作这样的和音。我很喜欢这位作曲家所谱的乐曲，您说，他在其中使用了尽量多的新方式来制造不和谐的和音，我请您在回信中告诉我这位作曲家的姓名，这样我就可以去我们这边的书店购买他的书。

关于抛出的石头最终停止的原因，这是显而易见的，因为空气的阻力，后者极容易被感知。然而，石头运动的曲线为何是这样，这个问题比较难回答，用我哲学书中的原理其实是可以解释的，但我想，关于这些原理，从今以后我必须保持沉默。

有传闻说，最近我们这里出现了彗星，如果您也听到相关消息，请来信告知。另外，有一次您给我写信说，您认识一些可以帮助我做实验的人，我想和您说，我最近读了《数学的重建》中的一章，我希望某些既能提供便利又持有好奇心的人，能够准确地进行试验：在平地上，拿着一门大炮垂直对着天空开炮。因为此书作者说，他已经试验过好几次了，打出去的炮弹是不会重新落到地面的。这事儿在我看来实在太难以置信了，但我也不下定论说这是不可能之事，我认为这件事情非常值得我们去验证。

关于您信中说起的伽利略所做的实验，我完全否定。但对于地球的运动，我不下定论。这并不是说，我否认从行进中的马车、轮船或马匹上抛出的石头，会和载具保持同样的运动轨迹。但有其他原因使得这种运动没法保持得那么明显。至于从塔顶发射出来的炮弹，如果我们让它从高处跌落下来，则会花费更长的时间才掉到地面。因为，炮弹在运动轨道上会遇到更多空气，这些空气不仅会阻止它往地平线方向平行移动，还会阻止它落向地面。

我对一位教会中人敢于写下关于地球运动的文字感到震惊，尽管他也做了自辩。因为，我曾经看过1633年9月20日在列日发布的对伽利略的判决书，上面写着："即使他声称只是把自己假设的结论写下来"，但他们似乎还是禁止在天文学领域使用假设。这让我不敢向他表明我对这个主题的看法。但是，目前没有迹象显示这禁令公告是由教皇或者主教会议发布的，它只是由红衣主教审讯员构成的特定宗教团体发布的，因此，我并没有完全丧失希望，不认为这件事情会走向完全极端的另外一头，以前的确出现过类似的判决。假以时日，《论世界》一书也能重见天日，但到那时，我就得用自己的观点去论证了。

至于您的乐师，即使您聪明地为他们辩护，我还是与您重申，他们肯定会受到嘲笑，他们从来就没明白音乐的理论。我希望对申请拉姆斯之位[1]的候选人提出一些难度较高

---

1　皮埃尔·德拉·拉米（Pierre de La Ramée），拉丁名Ramus（拉姆斯），在遗嘱中提供了500银钱的年金捐款，在法国皇家学院创建了一个席位，每三年举办一次比赛来争夺这一席位。国王路易十三于1611年下令严格执行拉姆斯的遗嘱。这一席位取其创建者的拉丁名称，称为"拉姆斯之位"（la chaire de Ramus）。

的问题，这样可以看出候选人是否可以胜任：例如，帕普斯（Pappus）提出的问题，虽然戈尔（Gol）先生三年前就和我提过了。或者类似的问题。我很乐意学习莫林（Morin）先生所写的关于经度的历史，不知这是否能够引起朝廷中人对星相学足够的重视。愿您庇佑我，相信我。

# 笛卡尔致 XXX[1]（1637 年 3 月）


我承认，正如您所说，您看到的那本书[2]中有个很大的错误，我之前没有使用足够的证据去证明：在这个世界上，最为清楚和最为确定的事情就是上帝以及人类灵魂的存在，如果我这样做，就能让所有人比较容易地去明白这个事情。然而，我不敢尝试着这样做，因为这需要我针对怀疑论者列举的众多有力证据进行反驳和解释，让大家明白，这个世界上没有任何物质的存在是确定无误的，还需要通过同样的方式，让读者从对感官事物的思考中抽离出来，然后证明那些对物质产生怀疑的人，却从不会怀疑自身的存在。这个自身的存在，也就是我们所说的灵魂，是一种非肉体的存在或实

---

1　据考证，收信人是法国哲学家、政治家西隆（Jean de Silhon，1596—1667）。西隆是笛卡尔的好友，也是黎塞留的秘书，在哲学上反对怀疑论。

2　指《谈谈方法》。

体，它的本质是思考，同时它也是第一个我们能够确定认识的事物。当我们长时间思考这个问题，就会在这上面获得清晰的认识。我敢这么说，总体上看，关于思想的本质这一问题，如果它是无限的，那便代表着上帝（对我们而言），如果是有限的，那就是人类灵魂或者天使的观念。但是，如果我们不从这里开始说起，就无法明白我之后所说的关于上帝的存在的内容，正如我在第 38 页[1]上已经陈述得很清楚了。然而，我担心这样一开始就引入怀疑论者的观点，会扰乱思想薄弱的人，主要是因为这书是使用通俗语（即法语）写成的，前言已经写得很明白了，我都不敢再在第 32 页[2]上写点什么。至于您，先生，还有那些和您一样的人，你们都是最聪明的，我希望你们不辞辛苦，按照我所想的顺序去阅读、去思考这些问题，在每一点上，停留足够长的时间去思考，看看我所写的是否正确，你们最终会得出和我相同的结论。我一旦空下来，我很愿意努力尝试着进一步澄清这个问题，以及借此机会，向您证明我到底是什么样的人。

---

1　法文原书页码，该部分内容请参见本书第43页。

2　法文原书页码，该部分内容请参见本书第37页。

# 笛卡尔致瓦提尔神父 [1] （1638 年 2 月 22 日）

　　非常高兴您给予我的帮助，您那么仔细地阅读了我的随笔 [2]，并告诉我您的想法，还善意地进行了论证。在寄给您的这封信里，我本想再附上另外一封信，要不是因为我不想在世人读到的信件上署名的话，我是想借此机会向您确保我是您最谦逊的仆人。然而，这个计划未能实现，我想这应该是您对天父的爱——而不是孩子获得的成就能给予您声望——才是您真正善意对待我的缘由。我要特别感谢您对我所做的这一切。在最近收到您写给我的两封信里，您提到了几件事情，这对我而言是极大的肯定，不知是不是因此我有些得意。坦白地说，在那些我了解到的、对我的作品做出评

---

1　安东尼·瓦提尔（Antoine Vatier，1591—1659），耶稣会会士，数学家、物理学家、逻辑学家，是笛卡尔认为最能理解他的哲学的人之一。

2　指《谈谈方法》。

价的人当中，我认为没有任何一个人像您那样公正，我想说，您对我的评价大有裨益，不偏不倚，并且让我学到更多相关的知识。另外让我惊讶的是，这两封信接踵而至，我几乎是在同一时间收到的，阅读过第一封后，我相信会有第二封，但我以为得等到圣路加假期后了。

为了及时回复您的信件，我首先想要和您说，我的计划并非要在《谈谈方法》中传授我提议使用的全部方法，而仅仅是讲解其中一部分，用以强调在《屈光学》和《气象学》中的新观点并非无关紧要，这些观点应该值得大家仔细研究。我无法在我所发表的这三篇论文[1]中，向大家展示这个方法是如何应用的，因为，这需要按照一定的顺序去使用这一方法来分析研究问题，这和我书中用来解释问题的顺序不一样。但我还是以对彩虹的描述为例进行了论述，如果重读一次不让您感到厌烦，我想，比起第一次的论述，您会感到更加满意，因为说实话，这话题本身非常有难度。此外，让我将这三篇论文附加到之前的论文中的原因是，我确信这可以满足某些读者的需要——他们仔细地对这些论述进行研究，并且与前人针对同样主题的所思所想进行对比，从而看

---

1　指《屈光学》《气象学》和《几何学》。

到尽管我使用的方法与通行的不一样，但并不是最糟糕的。

的确，我在《谈谈方法》中，关于"上帝存在"的论述过于模糊了，虽然这是最重要的，但我承认，这也是全文中我着力最少的地方了。一部分原因在于，当印刷商催促我的时候，我才决定将这一部分添加到书的最后。然而，导致这一部分比较模糊的主要原因是，我不敢详细阐释怀疑主义者的观点，也不敢什么都讲，怕这样会导致思想脱离感官。因为在我看来，除非能记住人类在对物质的所有认知中发现的不确定性，否则我们无法很好地认识到，证明上帝存在的论证的确定性。我还承认，就如您所指出的那样，这一模糊性的另外一部分成因在于，我觉得那些对我而言习以为常的概念，对每位读者都如此。例如，我们的思想只能从外部事物或者从我们自身认识到形式和本质，否则思想本身无法呈现任何实在之物，也无法展现其完美之处——以及诸如此类的。我决定在第二版中把这个问题说得更清楚一些。

我深信，《论光》中关于宇宙起源的论述，会让人觉得难以置信。因为，如果是十年前，有人对此问题进行论述的话，我是不会相信人类思想能够认识这一问题的。然而，在不违背我自身原则的情况下，我的良心和真理的力量都让我不必担心，去勇敢地提出这个无法被忽略的问题，并且我已经掌握了足够的证据。此外，如果有朝一日我那本已经完成和付印的物理学作品能出版的话，我希望我们的后代不要怀疑我所说的。

您仔细研究了我所写的关于心脏运动的文字，对此我深表感激。如果您的医生对此持有反对意见，我很乐意接受，并会作出回应。一周前，来自鲁汶医学界的一位教授——也是我的朋友，写信给我，提出了七八条反对意见，我一一回复，写满了两页信纸。我希望以同样的方式，对大家在阅读中遇到的困难，尽力做出解释，我会仔细地回复大家的问题，并且我坚信，这也不会让那些向我提意见的人感到不快。一件事情由几个人一起来完成，比单打独斗要更容易一些，在这点上，没有人比您所组织的讨论会做得更好的了。如果他们不辞辛苦愿意这样做的话，我会感到万般的荣幸和感激，这可能是发现我文章里存在的所有错误和真理的最佳捷径了。

至于光学方面的问题，如果您打开《屈光学》的第3页，就会看到我在那里讲过，我所说的只是假设。实际上，另外一本名为《论光》的著作包含了我对物理学的所有思考，我在其中非常详尽、充分地解释了所有问题。因此，在其他地方我不想重复相同的话，但会通过比较和暗示来重现某些观点，对于《屈光学》所探讨的主题而言，这样做也是有必要的。

您很高兴还没有人能超越我发表的所思所想，对此我十分感激，但我也没有丝毫惧怕：因为，我是否为第一个或最后一个论述这些问题的人，对我而言并不重要，（重要的是）我所写的是真实的，我的所有观点前后贯通，彼此相互依存，如果没有领会所有的内容，那就无法应用其中的某个观点。我请您及时地告诉我，您在我所写的关于折射的段落中或其他章节中发现的问题，因为，我个人对于光学的想法要刊印发表的话，可能还得等上很长一段时间。至于我在《几何学》开头的假设，如果不使用我在物理学领域所持的观点，是无法先验地进行论证的。然而，我从中推断出来的那些结论，无法以同样的方式采用别的原理来进行推导，这些结论在我看来完全可以在之后的实验中得以论证。我之前已经预见到，这种写作方式一开始会让读者感到震惊，但我相信这一方式很容易能得到修正，只需要给出证据来证明这些假设就可以了。但是坦白说，之所以选择这种方式来提出我的想法，是因为我相信可以从我的形而上学第一原理出发，按顺序推导出这些结论，而不理会其他类型的证明。除此之外，还因为我想试试看，真理一旦被阐明是否就足以让读者信服，而无需夹杂任何针对读者提出的异议所进行的争论和辩驳。在这点上，我的朋友在仔细阅读过我的《屈光学》和《几何学》这两本书之后，均向我确认可以如此：即使在一开始，和阅读别的书籍一样，他们对里面有的内容存有异议，但在反复阅读三四次之后，他们告诉我，似乎没有任何东西让他们疑惑了。的确，并非总是需要给出先验的论据来说服读者相信某个真理。泰勒斯 [1]，或者无论是谁，他第一个指出，月亮从太阳那里接收到光，却可能无法提出任何相关证据，而一旦假设出这一点，我们就能轻易地解释月球上光线的不同相位——这就足够了；从那时候开始，这一观点传遍全世界而没有遭受任何质疑。我的想法是互相关联的，所以我大胆地希望，一旦大家注意到我所提的原理，并熟知它们，将它们放在一起思考的时候，就会发现，从中得出的结论能很好地证明这些原理。就像是月亮借用日光的理论，是被月亮的盈亏所验证的那样。

关于我在物理学和形而上学方面的论著，可以用一句话告诉您，我和其他人一样，或者是我比任何人都希望这本书

---

1　　泰勒斯（Thales），古希腊自然哲学家、天文学家、几何学家，希腊“七贤”之一，米利都学派创始人。

出版问世，但情况所限（目前还无法出版），如果不顾及这些限制，那也太不谨慎了。我还想告诉您，我也完全不害怕人们在书里面发现和信仰相悖的内容。恰恰相反，我敢说，信仰从没有得到过人类理性如此强有力的论证，如果大家肯跟着我所说的原理来看，就会发现的确如此。特别是圣餐变体论，加尔文主义者认为这无法通过日常哲学来进行解释，但我能够很轻易地对此进行论证。但在目前的形势下，没有任何迹象表明我得这样去做，至少在很长一段时间内不必如此。我满足于做好我认为属于分内的事情，剩下的交给统治世界的上帝。因为，要知道，是受天意启发，我写下了这些你们看到的随笔的开头，如果这书对宣扬上帝的荣耀有所帮助，我希望上帝给予我恩典，让我能够完成，如果并非如此，那我希望自己可以放弃这一计划。此外，我向您肯定，这本书从付印至今，我收获的最大成果就是您写信告诉我这本书获得的赞美之词，这些话语对我而言是那么珍贵、那么让人感到愉快，因为它出自像您这样有才华、有名望的人之口，也因为它来自我青年时代受教育的地方，那是我的老师所居住的地方，我永远对他们心怀感激。

# 笛卡尔致梅森（1640年12月24日）

　　我刚收到您的信，但一两个小时后，信使又要来取信了，所以这次我无法及时回答所有问题。您提出的关于"松果体"的问题似乎最为紧迫，并且，为了公开捍卫我在《屈光学》一书中所说的个人的荣誉，我不得不努力给出答案，务必让您满意。因此，我已经等不及下一次旅行的时候，现在就想告诉您，其实脑垂体和松果体之间存在极大的关联，松果体的位置其实和脑垂体一样，位于颈动脉之间，人的生命气息经过右边的颈动脉从心脏通向大脑，但是，不能因为这个原因就怀疑它具有同样的用途，因为它不像脑垂体位于大脑之中，而是位于大脑下端，完全和大脑分开，处于脑部的凹槽处，后者将之承托起来，其位置甚至低于硬膜——如果我没有记错的话。除此之外，松果体完全是静止不动的，我们却想当然认为它是一切感官的中心，也就是说，大脑中灵魂开展其主要活动的部位，后者应该处于活动状态的。脑垂体位于心脏和松果体之间，这并不让人感到惊奇，因为这里还存在大量细小的动脉血管，组成了神经丛，无法到达大脑。这是人体的一个常理：有腺体的地方就有不同的静脉和动脉相交。以及，颈动脉在这里分出好几个支脉，这也就不足为奇了，因为需要向骨头和其他部位输送养分，还需要将血液中最粗糙的部分与最精细的部分分离，让后者通过颈动脉最笔直的分支流入大脑中，即松果体中。但不应该将这种分离看成机械式分离，这就像是，如果在溪流上漂浮着灯芯草和泡沫，而水流在某处分流成了两支，那我们将看到所有的灯芯草和泡沫都将流入非直线行进的那条支流。这就是为什么说松果体与腺体相似的最主要的原因，因为，所有腺体最首要的任务是吸收血管排出的血液中最为精细部分的（营养），以及松果体还会以同样的方式接受生命气息（esprits animaux）。尤其是因为，松果体是大脑中独一无二的器官，因此它必定是一切感官的中心，也就是说，它是思想的，也就是灵魂的基地——这两者相互依赖，不可分割。或者，应该承认，灵魂没有直接与身体的任何固体部分相连，仅仅只是与位于凹槽地带的生命气息相连，后者持续地进、出此凹槽处，就像是河流里的水那样，而这一观点被认为太过于荒谬。除了对松果体的位置的认识之外，我们还深刻地认识到来自两只眼睛的图像，或者通过两只耳朵听到的声音，都应该在松果体所处的位置相互连接起来：只有在凹槽处的中间部分，或者在松果体的通道上方，才能连接起来，但这仍旧不够，因为这些凹槽处和其他凹槽（图像必须成双倍显现）没什么区别。对那位向您提出此问题的人，如果说我还有别的可说的，那就是请您向他保证，我完全出于自愿做出推论，务必希望他能够满意。

对于我的形而上学，您仔细地阅读推敲，让我也不得不全身心投入其中，我完全将此托付与您，按照您的意见进行修改或更正。然而，让我感到惊讶的是，您让我在一周内对各位神学家对此书提出的意见进行回应，但我认为需要更多的时间来了解他们所说的观点，还有那些在书的最后提出的反对意见，我也觉得同样（需要时间去消化）。有一位来自阿尔克马尔（Alkmarr）的神父，他不愿透露姓名。这就是为什么他的名字如果在某个地方被注明了，我请求您将此删除的原因。同样，还得通知印刷商修改这位神父提出的反对意见中引用到《沉思集》的页码编号，以便使其与新的印刷本上的页码一致。

关于您所说的，我对"灵魂不朽"只字未提，其实您不应该感到惊讶，因为我还不知道该如何去证明上帝无法消除灵魂，仅能证明灵魂的本质与身体是完全不同的，因此，灵魂自然不会随着身体的消亡而消失，搞清楚此点就能创建某种信仰。这也是我能证明的所有内容了。

我在"第二沉思"中没有证明灵魂与身体确实是不同的，我满足于认为灵魂的孕育不需要身体（的参与），您对此也不应该感到奇怪，因为那时候我还没明白我们得出此结论的前提为何，而此后，就是在"第六沉思"中才了解到。

需要注意的是，在我的书中，我并没按照主题的顺序排列，而是按照论据的顺序来排列的：也就是说，我并没有将从属于同一个主题的论据罗列在同一个地方，因为我无法对此进行论证，而有的理据是从其他主题下拿过来的。按照从易到难的推理顺序，我尽可能地进行了推论，时而投身于这个主题，时而变换到另外一个主题。在我看来，这就是真正的寻找和解释真理的路径了。关于主题的顺序安排，（如果）有人能够使用这些论据而保持彼此间的相互独立，能够使用这些论据来解决这个难题或者那个难题，这才是好的。我对那些反对我的观点进行了回应，但老实说，我不认为将这些回应插入《沉思集》是可行的，因为这样做会打断我接下来的论证，以及削弱我论证的力度，而我的论证主要取决于是否能把大家的思维从感性事物上移开，因为在反对我的意见里，很大一部分都是从这当中产生。但是，我会将卡特鲁斯[1]的反对意见放到最后，来表明其他人的意见——如果他们有这样的反对意见的话，也可能会放在同样的地方。

不过高兴的是，大家花时间对我的观点提出质疑，（即使这导致）这本书在两三年内无法出版也不要紧。况且副本写得很差，也只能轮流阅读，在我看来，如果提前印上二三十个样本，就不会那么糟糕，我其实很愿意支付这笔钱，因为这是我接下来要做的事，但我找不到值得信赖的书商，并且我也不想这个国家的部长在神学家之前看到这本书。

至于这本书的写作风格，如果比之前的所有书都好，那我会感到非常高兴。但其中可能还存在着一些语法错误——如果真的存在的话，或者，让人读起来觉得是法语特有的句式，例如："将某事置于怀疑之中"替换了（将此事）"撤销"一词，但我担心这实际上什么也改变不了，除非我们改变内容，就像下面这个句子："到现在为止我所承认的最真实的事物，要么是从感官上，要么是通过感官获取的"，如果按照

---

1  约翰内斯·卡特鲁斯（Johannes Caterus，约1590—1657），荷兰神学家。卡特鲁斯的反对意见以及笛卡尔的反驳，收录在《沉思集》的"第一组反驳"中。

您所建议的，加上"是假的"，那么整个意思就改变了，本来的意思是，直到现在为止，我从感官上，或者通过感官接收到的一切事物，我认为都是最为真实的。此外，如果使用"被破坏的"来替换"基础被连根拔起"，就不会产生太大的问题，因为这两个单词都出自拉丁文，意思几乎一致。但是，在我看来，后者（就是我所采用的单词）比前者更好，因为它只有一个意思，而前面那个单词有多个意思。

一周后或许能给您寄去一份关于"上帝与灵魂"那部分的重点摘要，它将会在《沉思集》之前付印，这样人们就会知道，在哪里能找到他们想看的；因为我发现，人们常常会为在某个地方找不到东西而恼火。如果笛沙格[1]先生能作为此书评委之一，如果他愿意承担这份工作，我会十分高兴，我就相信他一人，我对他的信任超过了其他三位神学家。人们若对此书提出反对意见，也不会让我感到不快，因为我敢保证，这些反对意见可以让大家更好地了解真相，有上帝的恩典，我不怕做不出让他们满意的回答。时间紧迫，我不得不停笔了。

---

1　吉拉德·笛沙格（Griard Desargnes，1593—1662），法国工程师、数学家，投影几何学奠基者，后来有以其名字命名的"笛沙格图""笛沙格定理"等。

# 附　录
## 笛卡尔的新世界和新方法

勒内·笛卡尔（René Descartes，1596—1650），17 世纪法国哲学家、数学家和科学家。他出生于一个贵族家庭，早年在拉夫雷舍公学接受正统的经院哲学教育。1616 年获法学硕士学位后，便亲自"去研究世界这本大书"（《谈谈方法》第一部分结尾）。1617 至 1621 年间，笛卡尔分别服役于荷兰与巴伐利亚，参加了 1618 年爆发的"三十年战争"。但即便在军旅中他也始终保持学术研究的习惯，并借此走过很多地方。退役后他继续游历欧洲诸国，几乎走遍整个德国，还到过匈牙利、奥地利、波西米亚、丹麦、瑞士和意大利等国。1629 年笛卡尔定居荷兰，在那里生活了二十年。1649年，应瑞典女王克里斯蒂娜的多次盛情邀请，笛卡尔乘船到瑞典讲学。但因女王的早朝与他一贯的生活习惯不同，加之北欧严寒的气候，不幸受冻病倒，并于次年（即 1650 年）2月 11 日病逝，享年五十四岁。

笛卡尔著作颇丰，如《指导心灵的规则》（1628）、《论世界》（1633）、《谈谈方法》（1637，并附有《几何学》《屈光学》与《气象学》）、《第一哲学沉思集》（1641）、《哲学原理》（1644）、《论灵魂的激情》（1649）等。然而生前公开发表的作品却只有四部：《谈谈方法》《第一哲学沉思集》《哲学原理》与《论灵魂的激情》。而《谈谈方法》就是他公开发表的第一部作品。

从总体上说，《谈谈方法》旨在提出一种以数学或者几何学的方式重新为世界奠定基础的新科学。在笛卡尔所处的那个时期，学术方面，传统大学衰败，经院哲学被斥为无意义的逻辑游戏和口角之辩；生活方面，城市遭受瘟疫袭击，各国充满了战争与民众起义。在这幅混乱的图景里，似乎唯有数学能提供一些安全感。16、17世纪，几何学与数学在实践领域的应用取得巨大进步，天文学、医学和物理学都得到长足发展。哲学家和科学家们敏锐地感受到"新科学"在这个新世界中的无限生机，《谈谈方法》就在这样的时代背景下应运而生。

## 《谈谈方法》的结构与内容

在说明中，笛卡尔简单介绍了全文各部分的主旨，以下我们也以这样的结构来介绍每部分的主题，并试着阐发主题之外一些"隐藏"[1]的东西。

## 第一部分：对当时各门学科的看法

这部分开篇提到的是"理智"或"理性"，说这是人间分配得最好的东西。但人人都有不意味着人人都会用，唯有使用得当才能获得好的结果，因而内容自然引到运用理智的"方法"问题上。

笛卡尔借此考察了当时各学问的实用性。但他发现各门学问皆有不足，文学、历史、哲学、法学这些古往今来一直教人向善的学问都非常可疑，充满了修辞和混乱，唯数学所蕴含的一些因素才值得保留。同时，他还根据自己的人生经验表示，既要从经验实践上去"研究世界这本书"，同时还要保持研究自我，即反思。

## 第二部分：方法的几条准则

通过第一部分可发现，虽然人人都分有理性，但唯有科

---

1　法文"ombrager"，中文可译为"遮蔽""覆盖"。在《谈谈方法》第五部分，笛卡尔从这个动词出发引入了他的创世神话。

学地使用它才能发现真理，因而更重要的是如何用科学的方法去运用理性。之前笛卡尔虽质疑了很多学科，但认为数学却有颇为值得借鉴的方法。他由此总结出四条方法准则，可概括为："分明""细化""简易""整全"。

### 第三部分：思想与行动的差异

运用上述这些清楚分明的方法，就可以考察一切，发现真理。但笛卡尔声明：这些考察只能是思想上的，行动中万不可做怀疑论者，否则自身无安身之处。所以，他紧接着就制定了三条行为[1]准则：（1）遵守国家法律与习俗；（2）行事果断坚定；（3）反求诸己。他将这些准则提升到了和"信仰之真理"同等的地位，借以应对思想与行动这两方面的各种问题。

### 第四部分：我思，故我在

本部分伊始，笛卡尔还表示自己犹豫是否告诉大家其安

---

1　法文为"morale"。该词有"道德""伦理"之意，这些都是行动的指南。

静时的独自思考（或说怀疑），但旋即便全盘托出它们[1]：由于在思想上一切都不可信，所以感官能获得的信息全都可疑。最极端的例子就是做梦：一个人完全可以把全部的所知疑为梦中的情景（包括数学原理），如此，任何东西都不能不被怀疑了。

但转念又会发现，虽然我们可以怀疑一切，但这恰恰肯定了那个正在做梦、正在怀疑的东西不可能不存在。如若没有它，连梦境本身都不会出现。所以，那个想到一切都可怀疑的东西，其自身一定是某种存在的实体。

因而，"我"若去思，那么"我"就是这个在思的东西，即便其他的一切都可以怀疑，但至少，"我思，所以我存在"（je pense, donc je suis），这是无疑的[2]。

---

1　这类修辞在第一部分与第六部分尤其明显。

2　这句话直译为"我思，故我是"或"我思，故我存有"，这就是我们耳熟能详的"我思故我在"的出处。它的第一次表述并非拉丁语，而是法语。至于流俗以为的用拉丁文所著的《第一哲学沉思集》的"cogito ergo sum"，其实不过是这段法语的拉丁文翻译。在整部《沉思集》中，最接近的表述是在第二沉思中的一句话："Ego sum, ego existo"，翻译为法语是"je suis, j'existe"，中文直译为"我是，我存在"。从这里也可以看出，从《谈谈方法》到《沉思集》，是从"我思"（je pense）到"我是"（je suis）再到"我存在"（je existe）的进阶过程。

在确定了"我思，故我在"这一不可怀疑的前提后，笛卡尔又确定了两件事：（1）"我"即是"思"，"思"即是"我"，也就是说，作为"我"是实体的存在，而它的唯一属性就是"思"，除此之外，任何属性都不能决定"我"的实体性[1]。因此该命题也就可写为"思即在"；（2）"思即在"是"清楚分明"（clair et distinct）的，也是无可怀疑的。由此它便成为一条普遍的规则。这条规则就好似几何学的公理，它是几何学的起点和基础。"清楚分明"这条准则不是逻辑证明的结果，而是论证的前提，正如"我怀疑是不可怀疑的"一样，是直观的呈现。

关于上帝存在的证明，笛卡尔走了另一条完全不同的路线。问题源于：自己作为一个并不完美的有限存在，如何会有

---

1　有人依此逻辑反驳说，既然思必然有一个思的存在，那么走路、说话也都必然有一个在走、在说的存在者了，所以似乎也可以说"我说故我在""我走故我在"了。说话、走路当然逻辑上必然有一个在说话、在走路的实体。然而，"思想"与"说话""走路"有着本质的区别。思的最根本特质在于"反思"，这就是为何笛卡尔是从"怀疑"来谈"思"的问题的。任何其他行动都没有"反思"这个行为，所以即便它们存在也都是无意识的存在。笛卡尔的思路是：存在，且要能证明（即清楚地意识到）自己的存在，这才是真正的存在。怀疑本身的这种不可怀疑性保证了思的实在属性。

一个无限完美的上帝的观念呢？而且这个观念是如此"清楚分明"，所以就必须寻找"上帝"这个观念的源头。

如果把"思即在"作为无可怀疑的底层基础，以此作为证明的起点来看，那么与之相对，上帝存在的证明则是由上向下的推理。也就是说，一种是认识论的、由自己出发的向外认识；另一种则是类似新柏拉图主义流溢说的本体论逻辑：完善生出不完善，低等的完善出于最高的完善。而连接这两个方向的，就是"清楚分明"。从认识上看，它来自"思即在"；从完满性上看，它由上帝这个至高完满的存在来保证。

为了增强说服力，笛卡尔还用"三角形三内角之和为两直角之和"以及"球面任意一点到中心的距离都是相同的"去类比"上帝的观念本身就包含存在"，借以说明，无论世界上是否真的存在三角形或球体，三角形的内角和以及球的半径总符合上述的描述。上帝的存在也是如此，它甚至比我们所知的任何几何学结论更为确定。

当然，如果我们去读一下哲学史特别是康德的分析就会知道，这仍是本体论的证明逻辑。但笛卡尔认为：因为那些怀疑者用想象力去思考问题；而想象本身只适用于物质性的东西。对于上帝的观念，它在感官中并不存在，而只能被理性所领会。并且，理性绝对正确，因为它是"清楚分明"的，就如同"思即在"一样。另一方面，一般靠感官去认识的存在未必是真的存在，感官虽在感觉对象上具有一些观念，但在判断时却常会出错。

这应该就是他作为唯理论者反对经验论的最好例子吧。

## 第五部分：物理世界与创世神话

在前言中，笛卡尔只提到了本部分是讲述自己曾研究过的一些物理问题，包括心脏与医学，还区分了人与动物的灵魂。但丝毫未提他的创世神话。实际上，创世神话在这部分所占篇幅的比重也十分少，作为点题的"前言"本就应去除旁枝末节，直奔主题。但这不过是通常的理解，是提供给认为"这篇谈话篇幅太长无法一次读完"的读者，与论述相比较，这些人更想知道的是结论。所以，涉嫌渎神的"创世神话"最好一晃而过。

关于自然世界的描述，学者众说纷纭，并未达成统一定论。所以笛卡尔声称自己不得不抛弃这些通常对世界的纷杂描述，给出新的解释：

笛卡尔认可上帝首创世界，但这个世界在初创时却是混沌的，唯有在上帝树立了"自然规律"后，宇宙才开始有序

运行 [1]。天宇星辰的构造、潮汐的运行、洋流与气流，包括动植物都遵循着这些规律。然而这也意味着，当规律一旦确立，代表上帝的奇迹就不再可能发生。

这段描写只用了短短几行，随后便继之以生物和物理学方面的长论作为本部分的"主题"。但新创世神话的描述绝非可有可无，细心研究就会发现，新神话的结构与整部《谈谈方法》形成了某种对应关系。具体分析如下：

《谈谈方法》第一部分的"怀疑"与本部分开篇放弃学者的争论相对应。在第一部分，笛卡尔讲述了自己的求学经历，这些经历增长的不只是知识，还有"知识"间的冲突所带来的疑惑，它们就像不同民族间的习俗一样，虽自成系统，却难以互相包容。并且，这些"知识"也不是像数学那样推理明确的知识，而只是一些意见和想象。新创世神话的建立也是在类似前提下开始的：学者们未成定论的问题就应先放弃，笛卡尔由此"抛开了"这个当下的世界，假定上帝在想象的空间创造了另一个新世界。

第二部分所确定的四条方法规则也正是新神话中创造世

---

1　这类似于第一部分提到的人都有理性，但唯有好的方法才能实现好事。

界的方法。因为新世界本身是被上帝创造的，所以人根本不可能知道上帝所创的"自然"是什么样的，但人所认识的"自然"就是当前的模样，它符合几何学的运行规律，并且真理的唯一性与认识的唯一性也确保了两者的一致。

第三部分主要讲思想与行动的关系，也就是说，思想上的纯粹逻辑，并不意味着要在行动方面去彻底贯彻。而第三部分的俗世中关于笛卡尔作品的流言，直接引出了第四部分关于"我思，故我在"，以及关于上帝存在的证明。三、四两部分也与新神话的主题刚好扣合在了一起。

创世之后，物体与动物都遵照着"自然的规律"演化发展。但人的出现却与一般物质不同，在第一部分笛卡尔就曾提到，人与其他生物的根本不同就是理性。理性保证了人之为人的特点和本质，任何人类所创造的机器都不能与之媲美，他不同于这个有朽的物质世界，只能是上帝创造的结果。故推求其存在的证明，也只能依靠上帝，而非几何学的方法。这类同于第四部分关于上帝存在的本体论证明。对比第四部分关于"我"的存在和"上帝"的存在，可以发现，它们分属两条不同的证明路向。在论述"我思，故我在"时，笛卡尔运用认识论的方法，从最不可怀疑的认识基础出发，证明了"我"作为一个在思考的主体必然存在。而关于上帝的证明，笛卡尔却与安瑟尔谟的证明如出一辙，遵循另一条逻辑推论的路向：从"完满的观念"开始——"完满"必然意味着存在（否则就谈不上完满），再到"我"心中有了这个完满的观念（上帝），故而上帝也就必然存在。安瑟尔谟的证明早已被托马斯等人批判过，笛卡尔却仍选择这一老思路，这不得不令人感到困惑，但有一点可以肯定，如此成问题的证明笛卡尔不会不知道，但他不顾后人的批评，仍然选择这种备受争议的方式去证明上帝的存在，必然是有意而为之。

　　反观第五部分的新神话可以发现，神话伊始也提到，上帝创造了世界，但这个世界并非秩序井然，它给予世界的形式只是一团混沌。随后上帝建立了自然规律，向世界提供了一套数学样式的秩序。各种物质性的东西便如同附有了亚里士多德的"形式"一般，逐渐变成了现在世界的样子。这个世界不再是一次定型，而是以几何学规律的方式逐渐形成。所以，在《谈谈方法》第四部分提到的"我思"存在的证明与上帝存在的证明之间的区分，就被笛卡尔在新神话的建构中化解了。虽然世界从逻辑上看由上帝创造，但一旦世界遵从了自然规律——也就是证明"我在"的清楚明晰的数学方式——那么世界的存在就可以从上帝手中重回自然；而笛卡尔却声称"这跟创世奇迹并不冲突"。在《沉思集》中，可看到这一思路得到了更激进的发展，他甚至从自我的证明得出"只要我想到了我将是一个东西，他（上帝）就不能使我什么都不是"的结论。

　　在讲述完神话之后，笛卡尔论述了心脏的运作机能，并提出了生物活动的原因：生命气息。虽然这个术语看上去比较抽象和神秘，似乎与精髓、本质相关，类似于形而上学的范畴。但实际上，笛卡尔将其归为血液的一种：它们是那种最灵活、最敏锐的血液分子。按照机械学的规律，它们向着大脑运动，最好的把次好的挤掉，之后由于血液的流动，行动成为可能。通觉连接了灵魂与肉体，从而使人成其为人，与动物区分开来。从这里可以看出，虽然灵魂与肉体不同，但笛卡尔一直试图用几何学的方法去解释上帝和灵魂。可以发现，虽然笛卡尔的理性已经成为苏格拉底所说的"理智"层面的工具理性，但在其所设定的最完善的上帝方面，他又力图保持这一最高的维度。然而在证明上帝存在的路线上，笛卡尔又回到了基础确定性的科学证明，这种上下不同的思路导致了一种不彻底性，也正是在处理此不彻底性的问题上，后世抛弃了上帝的存在与理性证明的紧张关系，更多地走向了明晰的科学路向，用科学精神取代了上帝。

### 第六部分：修辞和语言

这是文章的最后一部分，笛卡尔说明了写作的原因。通常认为，笛卡尔是在宗教外衣下阐述科学精神。因为在当时的环境中，宗教仍旧是主导意识形态，科学只流传在少数学者之间，《谈谈方法》是一部用通俗语言写给公众的书，无论公众还是学者都可以阅读，因而在写作时就必须注意不同读者并讲究恰当的写作方法。同样，作为读者也必须考虑到这一点，才能更好地明白作者的用意。

## 关于书名

最后我们再来谈谈书名。

虽然本书常被称为《谈谈方法》，但全名却是"谈谈能够正确引导自身理性以及在各门学科中探求真理的方法"。熟悉法语的朋友朗诵一下就会发现，题目中的三部分很有节奏感，念起来抑扬顿挫：

Discours de la méthode
pour bien conduire sa raison
et chercher la vérité dans les sciences

我们就对这三部分浅谈一二。

## 正确引导的理性

在正文第一部分笛卡尔提到：理性（理智）人人都有，但"光有理性是不够的，重点还在于能够恰当地运用它。"这样才能"在各门学科中探求真理"。言外之意，理性本身并非根据其本性就追寻真理，甚至它可能变成一种工具而服务于情感或激情，去寻求某些私欲或不好的东西。

因而，好的理性必然是一种好的"方法"规定的结果。好的方法就是对理性好的掌控。这里的理性已不是柏拉图意义上作为意气和欲望的主宰、能对是非好坏做出决断的理性。在古人看来，理性本身就是正确的好方法。但在笛卡尔这里，理性虽是天赋的"良知"（le bon sens），但并非人人可以善用。

培根曾说过，为了能掌控自己的理性，人类就必须去学习机械和技术，这样才能如掌控自然一样掌控理性（《新工具论》第一卷129节），笛卡尔不止一次地表达了对培根的敬佩，如果说"知识就是力量"，那么笛卡尔看到的这种知识不是历史，不是文学，不是政治……而是数学。正是这种数学精神，最终成为现代科学的思想奠基，也正是如此，从那个时代对科学的定义来说（形而上学是树根），笛卡尔被称为"近代哲学之父"（近代哲学的奠基人）毫不为过。

### 各门学科中的真理

真理存在于各门学科。这里的"学科"一词笛卡尔用的是"science"。这个词过去除了指"科学"外，也指"知识"。亚里士多德在《尼各马可伦理学》中曾梳理了五种获得"真理"的学科，科学只是其中的一种，并且不同学科也有各自不同的研究方法。但在笛卡尔这里，不同学科被统一为同一类的"知识"（les sciences），即便诸学科存在差异，却可以用相同的方法研究，我们在正文就已经看到，这种放之四海而皆准的方法就是从几何学中提炼出的规则。

### 谈与论

从本书的题目及其所用的语言就能发现，这是一本写给大众的书。作者用法文的"谈"（discours）而不用拉丁文的"论"（dissertation）、全文用世俗的法语而不用文绉绉的拉丁语、行文中的通俗平易的修辞……这都体现了作者的用意：他想告诉这些只懂法语的下里巴人一些大胆的想法，将自己的经历用拉家常的方式分享给普通人。这种有意拉近距离的"套近乎"明显与《沉思集》不同。

《沉思集》发表之后，在致读者的序言里有个颇值得玩味的细节。那里笛卡尔特别地提起这部前作，但将《谈谈方

132

法》改称为《论方法》。这也就意味着，从1641年《沉思集》的角度看，"谈"方法本质上就是在"论"方法。但从1637年《谈谈方法》的角度看，特别是从文章的整个行文习惯看，是其后正式学术作品的抛砖引玉之作。

　　《谈谈方法》是一部有趣的作品，这不单是指形式上的平易近人，它还是一部具有历史意义的立体之作。在1637年，读者也许可以视其为无非一异想天开的闲谈野话；但当四年后《沉思集》正式用学术语言发表，特别是当笛卡尔于此将《谈谈方法》改称为《论方法》后，那么读者再回看这本书时，就再也不能只是以一种闲话的方式去对待它了。《谈谈方法》不仅是一块引玉之石，其本身就是一块蕴含着"美玉"的奇石，唯待有心的读者去细致地"琢"与"磨"。

郝春鹏

上海师范大学

2020 年 2 月

# 谈谈方法

作者 _ [法] 勒内·笛卡尔　　译者 _ 左天梦

产品经理 _ 段冶　　装帧设计 _ 董歆昱　　产品总监 _ 应凡

技术编辑 _ 顾逸飞　　责任印制 _ 梁拥军　　出品人 _ 吴畏

营销团队 _ 毛婷 阮班欢 孙烨

**果麦**
www.guomai.cc

以　微　小　的　力　量　推　动　文　明

**图书在版编目（CIP）数据**

谈谈方法／（法）勒内·笛卡尔著；左天梦译. – 上海：上海文化出版社, 2020.9（2023.4重印）
ISBN 978-7-5535-2100-8

Ⅰ.①谈… Ⅱ.①勒… ②左… Ⅲ.①哲学理论-法国-近代 Ⅳ.①B565.21

中国版本图书馆CIP数据核字（2020）第176190号

出 版 人：姜逸青
责任编辑：郑　梅
特约编辑：段　冶
书籍设计：董歆昱


书　　名：谈谈方法
作　　者：[法] 勒内·笛卡尔
译　　者：左天梦
出　　版：上海世纪出版集团　上海文化出版社
地　　址：上海市闵行区号景路 159 弄 A 座 2 楼　201101
发　　行：果麦文化传媒股份有限公司
印　　刷：河北鹏润印刷有限公司
开　　本：880mm×1230mm　1/32
印　　张：4.5
插　　页：4
字　　数：75 千字
印　　次：2020 年 9 月第 1 版　2023 年 4 月第 4 次印刷
印　　数：12,501–15,500
书　　号：ISBN　978-7-5535-2100-8 / B·010
定　　价：49.80 元

如发现印装质量问题，影响阅读，请联系 021—64386496 调换。